U0901049

60
45
15
PIAGET
30
20
10

進口手錶年鑒

葉選平題

叶选平先生为本书题字

策划：名表论坛
主编：锺泳麟
编委：吴奕能　梁春明　陈澜

图书在版编目(CIP)数据
进口手表年鉴.2009/ 锺泳麟主编. - 沈阳：辽宁科学技术出版社，2009.9
ISBN 978-7-5381-6091-8

Ⅰ.进… Ⅱ.锺… Ⅲ.进口商品 - 手表 - 中国 - 2009 - 年鉴 Ⅳ.f752. 654. 4-54

中国版本图书馆CIP数据核字(2009)第156558号

进口手表
年鉴
2009

JINKOU SHOUBIAO NIANJIAN 2009

出版发行：辽宁科学技术出版社
（地址：沈阳市和平区十一纬路29号　　邮编：110003）
印刷者：上海美雅延中印刷有限公司
经销者：各地新华书店
幅面尺寸：210mm x 274mm
印张：19
插页：4
出版时间：2009年9月第1版
印刷时间：2009年9月第1次印刷
责任编辑：郭健
装帧设计：颖川堂有限公司
制作：陈峰 梁雅馨
责任校对：东戈

书号：ISBN 978-7-5381-6091-8
定价：198.00元
联系电话：024-23284536
邮购电话：024-23284502
E-mail：tad4356@mail.lnpgc.com.cn
http://www.lnkj.com.cn

鸣谢：颖川堂有限公司
香港地址：香港北角渣华道8号威邦商业中心1702室
电话：(852) 25081318
传真：(852) 25086238
网址：www.cdv.com.hk
电子邮箱：cdv@netvigator.com
大陆地址：广州豪贤路101号立基商业大楼606室
电话：(020) 83769450

进口手表年鉴

2009

名表论坛 策划
锺 泳 麟 主编

辽宁科学技术出版社

© Montblanc®

历久弥新 | “没有时间，就没有音乐。时间本身就是节奏。而且，时间才是证明：我所弹奏和倾听的音乐，是经典。对于经典，你能加入什么？唯有充满激情的去诠释它，以当代的精神，让经典不断延续。”

—郎朗™，世界著名钢琴家，佩戴万宝龙明星系列尼古拉斯·凯世单按钮计时码表，万宝龙瑞士原产自制MB R100机芯，源自钟表大师尼古拉斯·凯世于1821年首创的校准盘技术，43毫米直径玫瑰金表壳。 **万宝龙·总有非凡故事**

MONT
BLANC

说起来，《进口手表年鉴》是10年前创刊的。那一年，至此再没有过的盛大进口表展在北京举行，参与的品牌十分踊跃，参观的人数也十分庞大，从全国各地来的媒体更是络绎不绝。我委托公关公司做了剪报，竟收到接近200份的厚厚一叠。中国人对手表的喜爱，从此给我留下了很深的印象。

这一年，可以说是中国人正式深入认识华贵手表的开始。

在这之前，瑞士手表已经卖得很好。然而，这些在市场上供不应求的东西，基本上都是在国外乏人问津的滞销货品。当时在中国卖得最好的几个品牌，多数无法在其他国家看得到。对此情况，我是相当懊恼的。所以当有关方面邀请我协办展览并且编写会刊的时候，我一秒钟不到就无条件答允了。《进口手表年鉴》就是当时的会刊，为了支持展览，我还自断财路，规定没参展的品牌不能在其内刊登任何广告。可惜的是，这种大规模的展览只办了三届便停止了。

10年，进口手表市场有了翻天覆地的变化。

前五年，中国市场是“受骗”期。这个宛如海绵般的市场，用几年时间消化了瑞士的旧款式，顺带吸纳了过时得非填海不能解决的仓底货，振兴了面临必要调整的瑞士钟表业。後五年，中国的进货速度比香港还要快，许多新作品先到大陆，後到香港，在接近饱和时再进台湾。我们见证着中国钟表市场从香港的附庸转化成独立，现在只有极少的品牌由香港的经营团队管理。预计在可见的未来，某些生意继续增长的大集团如历峰与Swatch，将会把亚太总部设在大陆，掌领港台的业务。

金融风暴令许多行业受到摧残。但现在看来，对钟表业的影响已经非常小。中国人的奢华品消费保持旺盛，钟表业得益良多。某两三个最重要品牌的近期国内销售额，比高峰时的同期还增长双位数百分点。香港表店有八成以上的购买者来自大陆；我跟东京的表店谈过，他们也有半数的表卖给中国旅客；甚至连日内瓦的百达翡丽沙龙，也得到每四个顾客就有一个来自中国的记录。这样的情况，使大品牌都密切关心大陆市场。某家名表的行政总裁就跟我说，几乎每个月都要来大陆上班，吸引更多人到世界各国买他们的表！

我首先联想起，商业部谘询考虑了大半年的手表减税，亟宜从速实行。我完全相信，减税肯定能将国民的外地消费转回国内来，更为激活本国商业的活力。而且毋庸置疑的是，减税率的结果是大幅增加政府税收！

2009年8月

目录

Contents

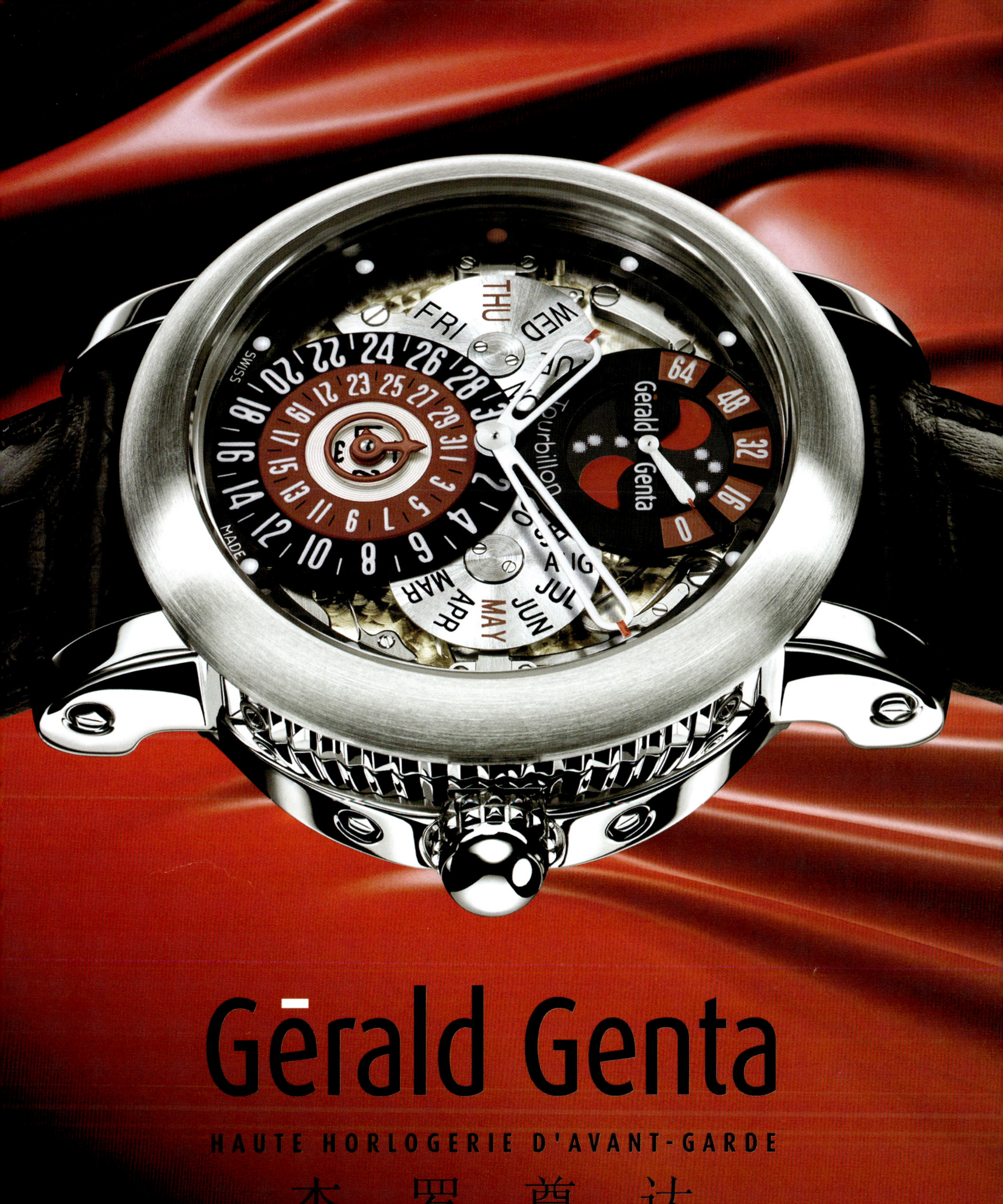

杰 罗 尊 达

上海恒隆广场地下一层 B115 店铺　电话：021-62887281

目录

Contents

PANERAI
LABORATORIO DI IDEE.

沛纳海

1997年，祖籍意大利的沛纳海在瑞士的纳沙泰尔开设工厂，8年后，沛纳海首枚自产机芯面世。到了今日，品牌已经拥有十分完备的机芯阵容，最新的成员，是基本功能的P.9000系列。它们一律是自动上链，3日动力贮存，当中P.9000是日历加小三针，P.9001及P.9002同样是小三针加GMT及动力贮存显示，前者的动力贮存在机芯上，后者则是表面的小针盘。搭配新机芯的腕表使用了44毫米不锈钢Luminor 1950表表壳，表壳线条稍作修改，减少了弧度，搭配皮带或链带，更适合用作日常用表。P.9000还有一款47毫米的钛表壳潜水表。

至于P.2000系列，四个款式中较复杂的两款，都加入了很精彩的新版本。例如陀飞轮，就令资深收藏家馋涎泉涌。P.2005机芯有239个部件，口径大过36毫米，应该有一个够扎实的表壳才适合。新的Luminor 1950 Titanium Tourbillon GMT (PAM306)，装在47毫米的钛合金表壳内。同时，为了产生更佳的视觉效果，这款表壳采用了特别的处理。它的表壳与拉杆锁定的桥用了二级钛合金制造，以便可以做锻面的亚光拉丝，因为这种钛合金有比重更轻、抗蚀更强与不容易产生皮肤敏感等特性；它的外圈则使用五级的钛合金制成，作镜面磨光。两种不同成分的钛合金，金属色泽已略有不同，再加上两种不同的打磨，极富层次感的立体效果就达成了。而最叫我惊艳的是烟草色的表面，它与灰的钛合在一起很

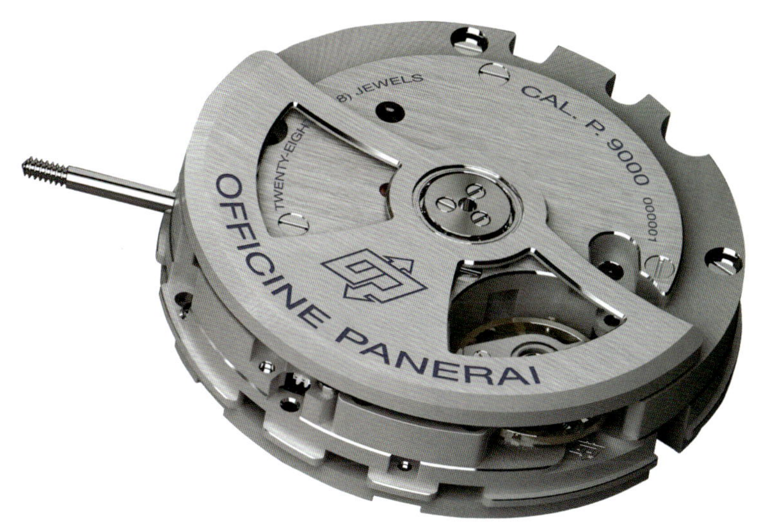

沛纳海全新P.9000自产机芯系列提供三个不同功能系列，搭配新设计的44毫米Luminor表壳 。

Radiomir Tourbillon GMT - PAM00316

铂金，表壳口径48毫米，人手上链P.2005 30秒陀飞轮GMT机芯，6日动力贮存，防水100米，鳄鱼皮表带连铂金大舌头表扣。

Luminor 1950 Tourbillon GMT - PAM00306

钛，表壳口径47毫米，人手上链P.2005 30秒陀飞轮GMT机芯，6日动力贮存，防水100米，鳄鱼皮表带连钛大舌头表扣。

有经历过大江大河的男人沧桑感。值得一提的是，小秒针盘上的30秒陀飞轮转碟上的小蓝点，在新款上改为乳白色。

除了Luminor，P.2005更有了Radiomir的版本PAM316。它是铂金的表壳，配黑色表面，表面上的陀飞轮蓝点保留蓝色，其表面边缘还有一道细金线，那是当年的原型表款用作固定表面的。在现代的制表工艺里，表面的固定早已不是问题，但那圈金线带出的美，直有画龙点睛之效。它比PAM276只贵了大约10万港元，如果没买前者，绝对不用犹豫购买一只PAM316。Radiomir陀飞轮另有钛表壳的版本PAM315，配烟草色表面及乳白色陀飞轮圆点。

复杂程度仅次于陀飞轮的，是P.2004单按钮计时GMT机芯。它的首个型号Luminor 1950 8 Days Chrono Monopulsante GMT，红金蓝面的款式特别受欢迎。此表的好处有目共睹，它的表面和操作都简约，但却是制表史上唯一的长动力单按钮手表。P.2004三发条鼓29钻计时机芯，在运转及操作上都很理想。新款式中，有44毫米的钛金属表款

Radiomir Tourbillon GMT - PAM00315

钛，表壳口径48毫米，人手上链P.2005 30秒陀飞轮GMT机芯，6日动力贮存，防水100米，鳄鱼皮表带连钛大舌头表扣。

PAM311。同样地，它的表壳与表冠护桥使用二级钛合金作拉丝装饰，外圈则是硬度很高的抛光五级钛金属。它的表面也是夏湾那烟草色，配出的效果堪称完美。此表的表耳上也有快速换带装置，用者可使用附送的小工具快速更换表带，配衬不同衣饰。

全黑腕表近年大行其道，P2004另一新款式，all black陶瓷的Luminor 8 日链两地时间单按钮计时表（PAM317)是当中的佼佼者。用陶瓷物料做Luminor的表壳，应该会比Radiomir更难，因为在各部分来说前者的线条都更明朗挺直。这是沛纳海第一款陶瓷的Luminor，配用镀黑的钛金属附透明圆窗底盖。表迷们除了会欣赏“全黑”且特别的陶瓷表壳外，还会很喜欢镀黑的P.2004机芯。透过黑夹板，可以看到它有28800次强劲摆动的螺丝校正摆轮，还有精细的钢质星柱轮。此表的受欢迎程度，

Luminor 1950 Titanium 8 Days Chrono Monopulsante GMT – PAM00311

钛，表壳口径44毫米，人手上链P.2004/1 单按钮计时GMT机芯，8日动力贮存，防水100米，鳄鱼皮表带连钛大舌头表扣。

Luminor 1950 Titanium 8 Days Chrono Monopulsante GMT的计时按钮设在8时位置

据知是现行产品中最高的。这一次，看哪个朋友能率先拥有了。

虽然传统上，沛纳海的腕表都是配皮带的，但这并没有令品牌却步，相反，它一直都为不同型号配上独特设计的链带。最新的一款设计，装在现代系列的两款表上。它去除了繁复的线条，以磨砂及抛光相配，并以柔和的弧度为手腕带来舒适贴手的感觉。第一款是44毫米的Luminor GMT (PAM310)，我们看到的重大改进之处是使用了较宽大的本地时间时分针，中轴配有24小时制式的第二时区时间小三角时针。它的机芯是沛纳海21钻OP VIII自动机芯，摆频每小时28800次，有42个小时的动力贮存。第二个款式是Luminor Marina (PAM299)，其表面上的9时位置有小秒针盘，3时位置有日历窗。它使用21钻的OP III自动机芯，摆频每小时28800次，有42个小时的动力贮存，准确度通过了COSC的天文台表验证。这两款表都使用拉丝表壳及抛光外圈，装设3.5毫米厚的刚石玻璃，密底表背，有300米的防水能力。

作为军用腕表，“大”可以说是沛纳海的天职。但当几乎所有品

Luminor 1950 Titanium 8 Days Chrono Monopulsante GMT – PAM00317

黑陶瓷，表壳口径44毫米，人手上链P.2004/1 单按钮计时GMT机芯，8日动力贮存，防水100米，真皮表带连镀黑钛大舌头表扣 。

PAM00317的镀黑P.2004/1机芯

牌都跟随沛纳海做大表之后，它却反其道而行，做出40毫米的Luminor Chronograph (PAM310)来。它的表壳用316L不锈钢制成，配上抛光的钢制外圈。黑色表面上两个相对较小的针盘，与特大的“6”与“12”阿拉伯数字时标达至很好的平衡感。此表内装沛纳海的27钻OP XII计时自动机芯，摆频每小时28800次，有46个小

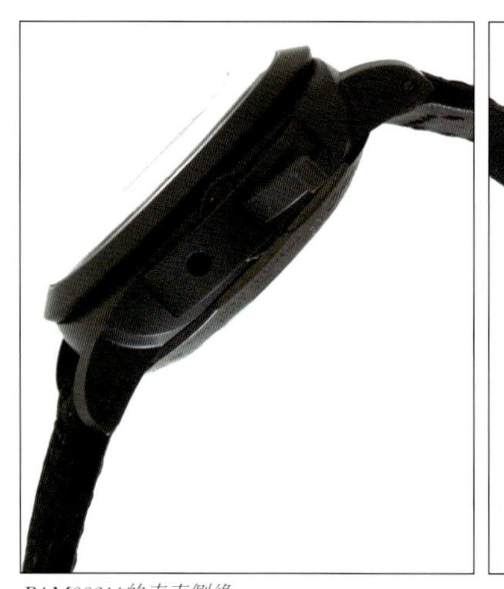

PAM00311的表壳侧缘

Luminor GMT 44mm – PAM00297

不锈钢，表壳口径44毫米，自动上链OP VIII GMT机芯，42小时动力贮存，天文台表认证，防水100米，不锈钢链带。

Luminor Marina – PAM00299

不锈钢，表壳口径44毫米，自动上链OP III机芯，42小时动力贮存，天文台表认证，防水100米，不锈钢链带 。

时的动力贮存，准确度得到COSC天文台表认证。在表冠护桥的两边，它设置两个圆按钮作计时操作，并具有深达100米的防水能力。

沛纳海每年推出新品时，其特别版本系列都备受瞩目，不论是特别功能或外形，使用古董机芯，以至复刻经典款式，无一例外地成为品牌忠诚支持者以至收藏家的鹄的。新的系列包括Luminor Regatta Chronograph，从2005年开始，沛纳海开始赞助每年在地中海和大西洋举行的古老帆船挑战赛，并同时推出一款特别版纪念表，依惯例只做500只。这是人手上链的计时表。它是44毫米的不锈钢表壳，外壳拉丝，外圈抛光并刻有测速计。它的表面有细方格的花纹，与立体的圆点时

Luminor Chronograph 40mm – PAM00310

不锈钢，表壳口径40毫米，自动上链OP XII计时机芯，46小时动力贮存，天文台表认证，防水100米，鳄鱼皮表带连大舌头表扣。

Luminor Regatta Chronograph – PAM00308

不锈钢，表壳口径44毫米，自动上链OP XXVI计时机芯，42小时动力贮存，天文台表认证，防水100米，橡胶表带连大舌头表扣，限量制作500只。

标及上下两个大号的阿拉伯数字构成深邃的立体感。它的中轴计时秒针与计时分针均为蓝色，分钟记录盘的前5分钟刻度还特别以蓝色托底，渲染了蓝色海洋的使用背景。两个圆形的计时按钮，设于表冠护桥的两旁，大小比例极佳。它的机芯是24钻的OP XXVI，摆轮每小时28800摆次，有42个小时的动力贮存，准确度经过COSC的15天测试合格。在表背上，它刻有“Classic Yachts Challenge 2008”字样与独立编号。此表使用橡胶带配带，不过附送另一条后备皮带。

至于47毫米的钛金属制

Radiomir Titanium 47mm – PAM00322

钛，表壳口径47毫米，人手上链OP XXVII机芯，55小时动力贮存，防水100米，鳄鱼皮表带连钛大舌头表扣，限量制作50只 。

Radiomir Titanium 47mm的OP XXVII机芯以Minerva的16-17怀表机芯为基础

Radiomir，相信会令很多人食指大动。它是现时唯一的一款47毫米口径钛金属Radiomir外壳，外壳用二级钛金属作锻面拉丝，外圈是抛光的五级钛合金。当然最精彩处是机芯，那是以往Minerva销售给沛纳海的16-17型人手上链怀表机芯。经过沛纳海的打磨改装，现在的型号命名为OP XXVII。它的机芯口径为37.6毫米，18石，有55个小时的动力贮存，摆轮的摆动速度是很经典的每小时18000次。此机芯的所有夹板，使用俗称德国银的镍银合金制成，新刻日内瓦条纹。它的游丝，两端都用人手挑成Philips Curve，摆动时有航海天文台钟的筒状游丝的效果，没有普通游丝难以避免的非同心性，达到极佳的等时性能。在控速装置里，摆轮有螺丝校正，游丝有鹅颈微调，全力将准确度提高。有独立编号的第二块夹板特意镂空，可以欣赏从中轮到秒轮

Radiomir Titanium 47mm – PAM00309

钛，表壳口径47毫米，人手上链OP XXVII机芯，55小时动力贮存，防水100米，鳄鱼皮表带连钛大舌头表扣，限量制作100只 。

Luminor Marina Left-Handed – PAM00026

镀黑不锈钢，表壳口径44毫米，人手上链OP II机芯，56小时动力贮存，防水300米，鳄鱼皮表带连大舌头表扣，限量制作1000只 。

的契合运转。而它的表面也是沛纳海的古雅设计，其边缘有压珠细金线，三文治式夜光表面上有金色的小三针，与刻有古老沛纳海商标的表冠里外呼应。命名为Radiomir Titanium 47mm的此表有两个版本，烟草色表面的做50只（PAM322），黑色表面的做100只（PAM309），又是一个限量甚小的制作。

最后一枚左手版Luminor Marina是44毫米镀黑不锈钢表壳，设计原型来自10年前的一枚经典款式。编号PAM026的此表，搭配人手上链的OP II机芯，有56小时动力贮存，限量数目跟以前的黑陶瓷Radiomir Black Seal一样，都是1000只。

资料查询

历峰亚太有限公司

香港中环康乐广场1号怡和大厦1318室
电话: (852) 2842 0168
传真: (852) 2810 6118
网址: www.panerai.com

国内维修服务中心

北京
世界钟表荟萃馆
北京市崇文区崇文门外大街新世纪北座办公楼601室
电话: (010) 6708 3227
传真: (010) 6708 3225

上海
世界钟表荟萃馆
上海市淮海中路 / 宝庆路百富勤广场5楼
电话: (021) 6445 9955
传真: (021) 6445 0202

专卖店

北京
北京市朝阳区建外大街2号银泰中心悦•生活首层105号铺
电话：(010) 8517 1263

上海
上海市南京西路1266号恒隆广场139号铺
电话: (021) 6288 0100

营销网络

北京
欧洲坊
北京市东城区王府井大街138号新东安广场首层106号铺
电话：(010) 6521 1839

新宇三宝钟表
北京市王府井大街172号丹耀大厦
电话：(010) 6521 1839

英皇钟表珠宝
北京建国门外大街22号赛特购物中心
电话：(010) 8511 0800

上海
欧洲坊
上海市虹桥路1号港汇广场101B号铺
电话：(021) 6407 1540

英皇钟表珠宝（2009年9月开业）
上海市黄陂南路333号企业天地商业中心3号楼

大连
大连锦华钟表有限公司
辽宁大连市中山区解放路19号百年城M2层
电话：(0411) 8269 0035

成都
亨得利钟表珠宝
成都市春熙北段49号
电话：(028) 8665 6133

迪生钟表珠宝
成都市总府路31号西武百货1楼
电话：(028) 8662 7727

广州
欧洲坊
中国广州环市东路369号广州友谊商店1楼
电话：(020) 8358 7785

哈尔滨
哈尔滨盛时钟表
哈尔滨市道里区中央大街142号捷夫名表店
电话：(0451) 8467 6972

昆明
金龙钟表
昆明市东风东路9号金格中心
电话：(0871) 3119 088

金龙钟表
昆明市白塔路131号金格百货汇都店
电话：(0871) 3122 560

沈阳
迪生钟表珠宝
沈阳市沈河区青年大街211号沈阳西武百货1楼
电话：(024) 2388 8950

辽宁新宇三宝钟表有限公司秋林店
沈阳市和平区中山路90号
电话：(024) 2387 7566

沈阳中兴
沈阳市和平区太原北街86号
电话：(024) 2341 0898

杭州
盛时表行
杭州市武林广场1号杭州大厦
电话：(0571) 8506 3043

青岛
欧洲坊
青岛市澳门路117号青岛海信广场一层
电话：(0532) 6678 8136

长春
长春中孚
长春市朝阳区建和胡同79号
电话：(0431) 8896 0033

重庆
英皇钟表珠宝
重庆市渝中区五一路海逸酒店LGL层
电话：(023) 6382 8329

Ferrari

Engineered by OFFICINE PANERAI

法 拉 利

2006年，沛纳海与法拉利缔结联盟，生产以后者命名的腕表。这个强强组合，从一开始便引人注目。因为，即使在过去30年有不同的表厂曾生产法拉利腕表，但来自意大利的制表品牌，沛纳海却是第一个。双方都是意大利风格的佼佼者，合作基础自然较其他瑞士品牌深厚。更重要的是，沛纳海从一开始就没把法拉利看成附庸，而是作为一个独立品牌来看待。在这样的思维下，法拉利腕表外观线条不与沛纳海雷同，反而有强烈的自我个性，难怪面世之后，大部分型号都成为表迷以至法拉利车主争相抢购的款式。

当然，要造好表，除了在设计上花心思，表的内涵更是十分重要。自P.2000系列推出，沛纳海在长动力机芯的开发上成就突出，当这批优秀的机芯用在法拉利腕表上，设计师巧妙地将原来的表面布局，因应法拉利的独特风格改头换面，令作品与法拉利跑车仪表板一脉相承。单单从这一点考虑，沛纳海的法拉利腕表一举超越了以往作品，成为独当一面的创作，绝对可称得上是顺理成章。

全新的法拉利腕表带来了4个型号，它们每一款都拥有令真正表迷倾心的魅力。当中“黄色”的Scuderia，识别处是表面上黄色的SF跃马盾牌标志与黄指针。这个系列里很有实用价值的新作，是编号FER022的10天动力GMT自动表。此表的设计灵感，来自1962年面世的法拉利250GTO。好玩的是，与后来的作品一样它原本只叫GT，但因

Scuderia 10 Days GMT – FER00022

不锈钢，表壳口径45毫米，自动上链P.2003/5 GMT机芯，10日动力贮存，透明蓝宝表背，防水100米，真皮表带，另附橡胶表带 。

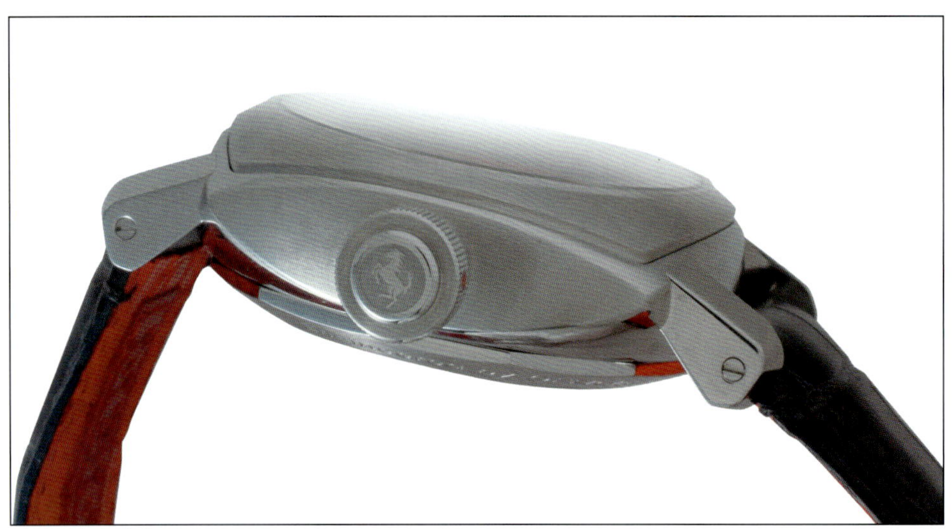

表冠上的跃马标志。

为在申请相关注册时阴差阳错多打了一个“O”字，便成为今日的鼎鼎大名。这款传奇的跑车，只做了几辆，如今异常珍贵。有人准备花1,000万欧元收进一辆，也无法如愿以偿。从功能来说我们可以想象，此表用的是沛纳海P.2003机芯，但经过重新编排后，表面布局已截然不同。它是45毫米的不锈钢外壳，正面抛光，边缘磨砂。黑色表面上，边缘是5分钟递进的分钟刻度，而倾斜的外缘则印有阿拉伯数字时标。中轴除了有本地时间的时分指针，还有第二时区的黄三角箭头时针。一个斜放于左下方的“8”字形钛金属框框内，有黄色指针动力贮存针盘和小秒针盘，后者内藏第二时区的日夜指示小圆窗。它配黑面黄底的牛皮带，上有对比强烈的手缝粗线。与此同时，它附有另一条有法拉利刻字的橡胶表带作备用。

沛纳海的Luminor 1/8秒计时追针表，是很多资深表迷追逐的目标。如今法拉利也推出功能相似的FER025，他们当中恐怕有不少人要“移情别恋了”。计时秒针高速转动的设计，其神奇处可与法拉利的Enzo跑车等量齐观。Enzo是法拉利车厂的创办人的名字，2002年，以此为名的最快跑车面世，时速达350公里，被誉为公路上的一级方程式赛车。它是一级方程式的单座位，同时有日常用车的安全品质。Enzo的制作数量，仅399辆，但FER025的限量比它还少，仅300只。此表是45毫米的不锈钢表壳，正面抛光，边缘与计时按钮为磨砂处理。黑色的表面，黄色跃马盾牌设在12时位置，边上有5分钟步进的分钟刻度，斜边上有测速计。它的3时位置有分钟累计时盘，9时位置则是1/8秒针盘，两个盘都有金属做的立体斜边框围绕。此表的1/8秒计时针、中轴计时秒针与分钟累计针均为黄色，使黄与黑的颜色组合满布表面上。它用的42钻OP XXI自动机芯，摆频每小时28800次，有42个小时的动力贮存。机芯上的夹板均饰日内瓦条纹，自动陀上有跃马标志。此表的按钮都用旋入锁定设计，

1/8th Second – FER00025

不锈钢，表壳口径45毫米，自动上链OP XXI 1/8秒双秒针分段计时机芯，42小时动力贮存，防水100米，橡胶表带，另附真皮表带，限量制作300只。

Granturismo 8 Days Chrono Monopulsante GMT – FER00020
不锈钢，表壳口径45毫米，人手上链P.2004/6单按钮计时GMT机芯，8日动力贮存，透明蓝宝表背，防水100米，鳄鱼皮表带，另附橡胶表带。

装置在Granturismo 8 Days Chrono Monopulsante GMT的P.2004/6单按钮计时GMT机芯。

达100米的防水能力。它用法拉利名字的橡胶皮带，另附有黑面黄底的牛皮表带。

以Granturismo为名的红色法拉利腕表，新作FER020八日链GMT单按钮计时表，堪称是Granturismo 2+2的612 Scaglietti跑车驾驶者腕上的最佳配搭。它是2003年Pininfarina的开篷设计，设计灵感来自由Sergio Scaglietti设计并因大导演罗塞里尼曾送给爱妻英格烈褒曼而声名大噪的375MM。这款车的最大亮点，乃全车均用铝及轻巧的合金制造，与单按钮计时的轻身上阵理念不谋而合。此表用45毫米的不锈钢外壳，外表磨砂，计时按钮设在8时位置的表壳边缘。黑色的仿古表面，12时位置有法拉利标志，周边有5分钟步进的分钟刻度，而倾斜外框则有测速计。它的表面上有三个设计完全不同的针盘，分别是口径较大而且有第二时区日夜指针同轴的小秒针盘、事实上不是360°走的动力贮存针盘，以及30分钟记录盘。针盘上的所有指针、中轴的第二时区时针和计时秒针均为红色，隐喻了一代名车Granturismo的特质。此表有网纹格的透明宝石表背，可以欣赏29钻的P.2004机芯。此表配带折叠扣的灰面红底鳄鱼皮表带，另附有法拉利名称的橡胶带。

最后一款新作与以上三款不锈钢腕表的不同之处在于，它不单是使用了珍贵的古老机芯，表壳更用上质之匹配的贵金属。FER024计时表，装置Minerva 13-20基础机芯，配45毫米的红金外壳，并装设有细格纹的表冠与计时按钮。Minerva在1930到1940年代向沛纳海供应机芯，用以生产分钟秒钟计时器，两个品牌的合作由来已久。在1940年代已经停产，有42个小时动力贮存的18钻人手上链机芯，经修改后编号为OP XXVIII。它的基板及计时轮系Y形夹板为红铜色，与冷金属色系的计时弹簧杆相映成趣。它的控速装置相当考究，其游

Chronograph – FER00024

18K红金，表壳口径45毫米，人手上链OP XXVIII计时机芯，42小时动力贮存，防水100米，牛皮表带连18K红金折叠扣，另附橡胶表带。

丝两端都用人手挑成Philips Curve，摆动时有航海天文台钟的筒状游丝的效果，有普通游丝难以达到的同心性，具备极佳等时性能。它每小时18000摆次的古式摆轮有螺丝校正，游丝有鹅颈微调，一看就令人怦然心动。黑色仿古表面的12时位置有法拉利标志，周边有5分钟步进的分钟刻度，而倾斜外框则有测速计。表面上9时位置是小秒针盘，3时位置为30分钟记录盘。针盘上的所有指针及中轴计时秒针均为红色，在收敛中又有存在于骨子里的无名傲气。虽然厂方没有言明此表的产量，但考虑其古董机芯已停产多时，相信绝对会比不少限量表更加矜贵。

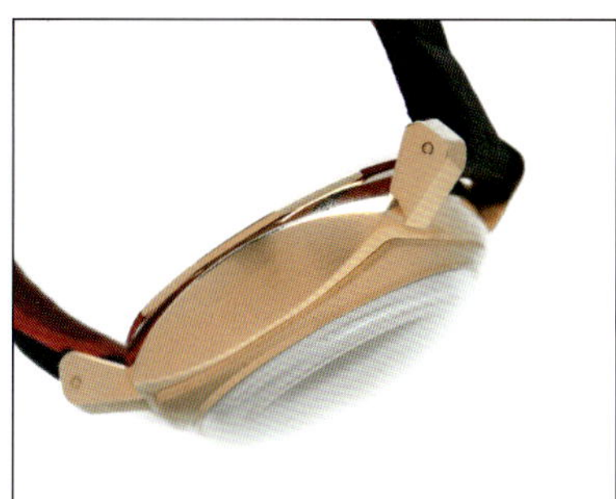

编号FER00024的Chronograph选用了红金表壳。

OP XXVIII计时机芯的原型是1940年代的Minerva 13-20。

资料查询

历峰亚太有限公司

香港中环康乐广场1号怡和大厦1318室
电话：(852) 2842 0168
传真：(852) 2810 6618
网址：www.panerai.com

国内维修服务中心

北京
北京市崇文门外大街三号新世界北座办公楼601室
电话：(010) 6709 4888

上海
上海市淮海中路1325号爱美高大厦501室
电话：(021) 6121 2888

专卖店

北京
北京市朝阳区建外大街2号银泰中心悦•生活首层105号铺
电话：(010) 8517 1263

上海
上海市南京西路1266号恒隆广场139号铺
电话: (021) 6288 0100

营销网络

北京
英皇钟表珠宝
北京市建国门外大街22号赛特购物中心
电话：(010) 8511 0800

欧洲坊
北京市东城区王府井大街138号新东安广场首层106号铺
电话：(010) 6521 1839

上海
欧洲坊
上海市虹桥路1号港汇广场101B号铺
电话：(021) 6407 1540

英皇钟表珠宝（2009年9月开业）
上海市黄陂南路333号企业天地3号楼

大连
锦华钟表有限公司
大连市中山区解放路19号百年城M2层
电话：(0411) 8230 7803

成都
亨得利钟表珠宝
成都市春熙北段49号
电话：(028) 8665 6133

沈阳
迪生钟表珠宝
沈阳市沈河区青年大街211号沈阳西武百货1楼
电话：(024) 2388 8950

新宇三宝钟表
沈阳市和平区中山路90号秋林店
电话：(024) 2383 4888

杭州
杭州大厦盛时表行
杭州市武林广场1号
电话：(0571) 85063043

昆明
金龙钟表
昆明市东风东路9号金格中心
电话：(0871) 3119 088

哈尔滨
盛时钟表有限公司捷夫名表店
哈尔滨市道里区中央大街142号
电话：(0451) 84653326

青岛
欧洲坊
青岛市澳门路117号青岛海信广场一层
电话：(0532) 6678 8136

Cartier

卡地亚

作为腕表设计者，卡地亚的贡献及成就毋容置疑。它是将时计从怀内放置改为在腕上佩戴的先驱，亦是最早用铂金做表壳的品牌。如今，卡地亚正式推出刻上日内瓦印记的高品质作品，则可以视为品牌作为一个制表者的自我提升。

日内瓦印记在时计上的应用，自19世纪末开始。法国新教徒逃避迫害来到这里，经过多年奋斗，终于成功为日内瓦缔造了“时计之城”的地位。然而有利润就总有人想分一杯羹，许多来自瑞士各地的成品时计运入这个钟表名城，冒充日内瓦产品售卖。为了保障地方工业，日内瓦政府制定了新的法例，规定本地出产的时计在符合某些既定标准后，便可以刻上半鹰半匙的日内瓦市徽，做出清楚的界定。来自法国的卡地亚，虽然创作的手表已经名震遐迩，但因法例所限一直与这代表机芯高品质的印记无缘。就算他们的CPCP系列已经有很高的品质，而且刻意与珠宝设计割蓆，也似乎未能建立与日内瓦印记等同的名气。卡地亚通过购并建立了自己的日内瓦制表中心，于是名正言顺地把这个与法国AOC命名法例意义相同的印记刻在机芯上。

第一款具备日内瓦印记的表，是Ballon Bleu de Cartier Tourbillon Volant。此表使用的机芯，为全新的9452MC。它由包括19钻在内的142个零件组成。机芯下方为浮动陀飞轮装置（卡地亚新并购的机芯工厂专做浮动陀飞轮），旋转框架以代表卡地亚的大写“C”作秒钟指示，也为整个装置提供平衡作用。按照日内瓦印记的规定，它的平卷游丝由栓柱锁定，控制摆轮每小时摆动21600次。通过背后的透明宝石玻璃，可以看到基板上刻有精细的日内瓦条纹，边缘以人手倒角，并作镜面抛光，以符合法例要求。发条鼓旁边的基板上，有金色的日内瓦印记，让整体更加美轮美奂。它有大约50个小时的动力贮存，为日常佩戴提供高准确度。

得到日内瓦印记管理部门颁授认可证书的机芯，装在46毫米的红金或

Ballon Bleu de Cartier Tourbillon Volant

18K红金或白金，表壳口径46毫米，人手上链9452 MC浮动陀飞轮机芯，50小时动力贮存，日内瓦印记，鳄鱼皮表带连18K金折叠扣。

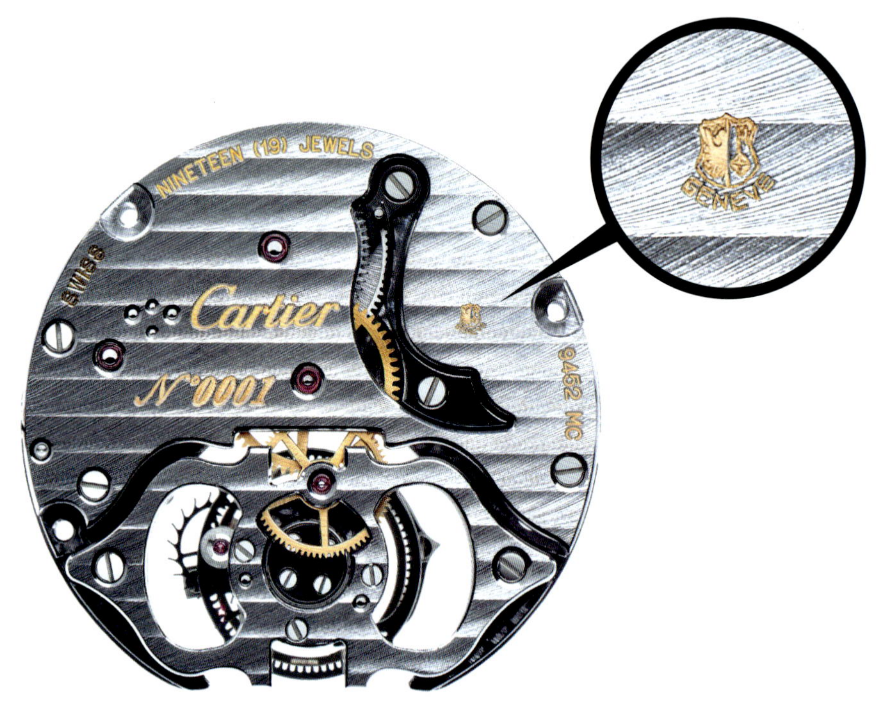

9452 MC 是卡地亚首枚获得日内瓦印记的机芯。

白金Ballon Bleu球体表壳内。它的3时位置，有一颗由圆弧拱桥保护的球顶面蓝宝石表冠。它的正前方是由镂通的罗马数字时标组成的表面，透过此镂通构造可看到精心刻成的代表卡地亚的12花瓣放射图纹。此表装有棕色大花格鳄鱼皮表带，以同表壳物料的折叠扣佩戴。

Santos Triple 100是一只十分有创意的腕表，与2006年的Santos Mysterieuse相比，后者外观很简单内里极复杂，Santos Triple 100则是外面看起来很简单把玩起来很复杂。首先，外壳的密镶钻石手工优雅精细，上面共用了重达7.6克拉的不同大小钻石 。另外，一如其名，因为采用了精细的微机技术，它装置可以360°转动的白金帘，只要转动表冠，便有三种变脸方式，成为世上首款有3款风格截然不同的表面的手表。第一种，乃从1904年沿用至今的白面黑罗马字，可从薄帘的缝隙观看；第二种，是以钻石及黑晶拼镶而成的华贵前帘；第三种，为后帘有最精致的白金微雕，上面是花费40个小时刻成的栩栩如生纤毫毕现的老虎。腕表背部装有宝石透明表底，可欣赏人手上链的机芯，它有包括21钻的140个零件。此机芯具备双发条鼓，拥有72个小时的动力贮存，其夹板作镂通处理，使艺术韵味贯通内外。Triple 100是白金的表壳，鳄鱼皮带配上同材质的可调整式安全折叠扣，限量制

Santos Triple 100

18K白金，三面可转动表面，表壳及表面其中一面镶嵌7.6克拉钻石及黑晶石，人手上链9610 MC镂通机芯，72小时动力贮存，鳄鱼皮表带连18K白金折叠扣。

Rotonde de Cartier Tourbillon Ascensionnel

铂金，人手上链9450 MC陀飞轮双飞返机芯，72小时动力贮存，透明蓝宝表背，防水30米，鳄鱼皮表带连铂金折叠扣。

同属巴黎卡地亚私人珍藏系列的Tortue XL Dual Time Zone Day & Night（左）及Tortue XL Grand Complication（右）

作20只。

在2006年，卡地亚除了Santos Mysterieuse还推出了Tortue XL Ascensionnel腕表。它除了"双C"陀飞轮，还有相当复杂的指针设计。中轴的时分针，并非传统的360°旋转方式，而是各自作120°弧线的飞返式行走。两针随着时间的消逝从下方逐步向上提升，一直升到12时位置方跳回底部，这就是Ascensionnel命名的由来。如今，这款42钻的9450 MC使用在圆形的Rotonde de Cartier上。其左方的小时标记用罗马数字，7时时标有卡地亚密署，而右方的分钟刻度则用正体阿拉伯数字。用机械刻上菊花放射纹的表面，配蓝钢宝玑式指针。它的宝石表背，可欣赏有72个小时动力的人手上链机芯。它是铂金的表壳，限量生产25只。

卡地亚的Tank是表坛的绝对经典。在Tank的众多型号中，Louis Cartier无疑是最具代表性的其中之一。一直以来，传统的Tank LC都只是两针的设计，表现1920年代流行的Art Deco风格。但在新的Tank LC上，卡地亚作了全新处理。它的表面看起来是类似regulator的双针盘设计，上面针盘的轴上设置分针，并有一弧形窗展示转碟上的小时数字。它不同于常见的jumping hour，乃渐进的移动，并且是24小时的制式。下面的针盘上没有常见的秒针，反而是与上弧窗对称的另一个弧窗，指示五连日历，双位数字呈上下垂直摆放。记得此机芯曾用在Tank a Vis之上，今日在Tank LC上看来，风韵丝毫不逊。

将圆在腕表上的表达方式由平面带进立体的Ballon Bleu，新款式以

Tank LC XL Time & Calendar Apertures
18K白金或黄金，人手上链9902 MC机芯，40小时动力贮存，防水30米，鳄鱼皮表带连18K金折叠扣。

Ballon Bleu de Cartier

18K红金，表壳口径42毫米，自动上链Cartier 049机芯，42小时动力贮存，防水30米，鳄鱼皮表带连18K红金折叠扣。

42毫米的大口径红金表壳凸显了圆滑成熟的雄刚风范。有如鹅卵石般浑圆的造型，恍似一颗失重的球悬浮在手腕上，带着摆脱了所有羁绊的潇洒。优雅的鳄鱼皮表带，更将整体烘托得恰到好处，有效地加强了三维立体效果。右侧的球面蓝宝石表冠，起了画龙点睛作用，让表的焦点会聚于此，突出了"蓝色圆球"的命名。它装置卡地亚049自动上链机芯，摆轮每小时摆动28800次，有42个小时的动力贮存。它配有18K红金的折叠扣，佩戴起来方便舒适。

Roadster是有名的跑车腕表。将跑车与腕表的特色合而为一，卡地亚想出了珍贵木材的应用。在超级跑车的内部，我们常常可以看到昂贵木材的装饰。为了与这样的特征吻合，卡地亚把胡桃木根贴在金属片上，再进行细心的打磨，显露出古木特有的迂回纠结纹理，使印有罗马数字的表面美不可言。它的金属链带上，中节也是经过抛光的胡桃木根，有温润而亮丽的视觉美感。我们都知道，Roadster有独创的快速更换表带装置，所以除了金木链带之外，它还附有一条半亚光深褐色短嘴鳄鱼皮表

Roadster

18K红金或白金，胡桃木表面，自动上链Cartier 3110机芯，42小时动力贮存，防水100米，18K红金或白金及胡桃木链带，限量制作红金250只，白金150只。

Pasha Seatimer

18K黄金，表壳口径42.5毫米，表壳及链带镶嵌11.4克拉钻石，自动上链Cartier 8630计时机芯，42小时动力贮存，18K黄金及橡胶链带。

Santos de Cartier

18K红金及橡胶，自动上链Cartier 049机芯，42小时动力贮存，防水100米，橡胶表带 。

带，可以随时根据需要更换。它的内部是3110自动上链机芯，摆轮每小时摆动28800次，有42个小时的动力贮存。此表有两种款式，其中白金的做150只，红金的做250只。

除了木材，橡胶在卡地亚的新系列中也占一席位。有计时功能的Pasha Seatimer，具备42.5毫米的特大口径，气派无可匹敌。黄金的外圈和链带，镶有诸多美钻，重11.4克拉之多。黄金链带的中节，嵌上风靡一时的黑橡胶。外圈的侧缘，表冠及计时按钮的顶端都镶有黑陶瓷，其上刻有巴黎钉头格纹互相呼应。亚黑表面上，有大型的阿拉伯数字时标和三个椭圆形的计时针盘。此表搭载8630自动上链机芯，摆轮每小时摆动28800次，有42个小时的动力贮存。

同样也用橡胶，Santos de Cartier有炽热与冷酷的双重性格。磨砂的特大红金外壳，外框是用红金

Cartier Libre Knot Watch
18K白金表壳镶有3.4克拉的钻石，石英机芯，缎质表带连18K白金镶钻表扣。

Cartier Libre Froissee Watch
18K白金表壳镶有3.7克拉的钻石，石英机芯，缎质表带连18K白金镶钻表扣。

Perles de Cartier

18K白金表壳镶有2.9克拉的钻石及2颗珍珠，石英机芯，缎质表带连18K白金镶钻表扣。

螺丝固定的黑橡胶圈。黑色的橡胶表带，上面亦有红金螺丝嵌于其中，带出充满野性的强悍。亚黑色的表面，有红金的时分秒针及同色调的放射纹罗马数字时标。此表装置049自动上链机芯， 摆轮每小时摆28800次，有42个小时的动力贮存。特别令人欣赏的是，它的橡胶表带以红金针扣佩戴，有藐视传统处理的不羁。

女表方面，新的Libre系列，不仅是钻石造美，也以造型见长。Perles de Cartier是圆形组成的

Le Cirque Animalier de Cartier - Panda

18K白金表壳镶有8克拉的钻石、黑晶石及绿宝石，珐琅表面，石英机芯，缎质表带连18K白金镶钻表扣。

Le Cirque Animalier de Cartier – Elephant

18K红金表壳表面镶有7.2克拉的钻石及一颗绿宝石，石英机芯，缎质表带连18K红金镶钻表扣 。

魅幻之网，珠贝小针盘设于右侧，伸延出珠贝的数字盘和两颗大珍珠，4个圆框共镶有重2.9克拉的钻石；Knot Watch的设计灵感来自日本和服上的平结，工整传神的线条上可以看出卡地亚珠宝大师的功力所在，这个平结以3.4克拉的美钻镶成；另一款Froissee Watch，则表现了高级时装的层叠裙裾，有随风飘逸的感觉，只在折开处看到时间，它的白金表壳上镶有共重3.7克拉的钻石，大小各有不同，可见心思之缜密。与此同时，去年刚面世的Ballon Bleu也有了外圈镶钻的新款。它的三个尺码上，42毫米的白金款镶有约2克拉的钻石，36.5

Le Cirque Animalier de Cartier – Tiger
18K黄金表壳镶有7克拉的白色及黄色钻石、绿宝石及珐琅，石英机芯，缎质表带连18K黄金镶钻表扣。

毫米红金款有1.3克拉，而小号的28.5毫米黄金款式也有1克拉美钻的装饰。

珍禽异兽一向是卡地亚的重要创作主题，新的马戏团系列，更是精彩万分。这个系列的表各做50只，喜欢者要早着先鞭了。白金的熊猫，全表以钻石、黑晶及绿宝石镶成，宝石重量约8克拉，左侧的圆针盘上是黑白珐琅绘就的水墨竹子；白金的大象，踏在红金的圆球上，表圈也是红金，带出完美的色泽对比，它使用了7.2克拉的圆钻；卡地亚最钟情的猫科动物，这次以老虎姿态雄视在黄金表上，虎身由黄钻、黑玛瑙及绿宝石镶成，表圈上有白钻的衬托，总重量有7克拉。

资料查询

中国南区代表处

香港中环怡和大厦三楼
电话：(852) 2532 0318
传真：(852) 2537 3582

上海代表处

上海市南京西路1168号中信泰富广场10楼1006室
电话：(021) 5292 5809

北京代表处

北京市朝阳区建国路79号华贸中心2座25层7-9室
电话：(010) 6599 7700

网址：www.cartier.com

国内维修服务中心

北京
北京市崇文区崇文门外大街3号新世界办公楼601室
电话：(010) 6709 4888

上海
上海市宝庆路1号爱美高大厦501室
电话：(021) 6161 2888

卡地亚精品店

北京
北京市王府井金鱼胡同8号王府半岛酒店大堂
电话：(010) 6523 4261

北京市朝阳区建国门外大街1号国贸商城1层L104铺
电话：(010) 6505 6660

北京市复兴门内大街101号百盛购物中心首层
电话：(010) 6606 8288

北京市朝阳区建国门外大街2号北京银泰中心1层106-110号及2层208-210号
电话：(010) 8517 1221

北京市东城区王府井大街88号乐天银泰百货109号店铺
电话：(010) 5978 5161

北京市朝阳区安外安立路8号时代名门商场1004-1005铺
电话：(010) 8498 6669

上海
上海市南京西路1266号上海恒隆广场133-135铺
电话：(021) 6288 0606

上海市中山东一路18号上海外滩18号
电话：(021) 6323 5577

广州
广州市环市东路369号广州友谊商店1层
电话：(020) 8359 0702

深圳
深圳市东门南路3002号西武百货1层122-123铺
电话：(0755) 8238 9833

西武百货中信店
深圳市深南中路1095号中信城市广场西武百货1013-1014铺
电话：(0755) 2594 3633

昆明
昆明市白塔路131号金格百货汇都店F1铺
电话：(0871) 3123 292

成都
成都市人民东路59号仁和春天百货人东店1楼
电话：(028) 8667 8066

重庆
重庆市渝中区邹容路100号美美百货1027-1028店铺
电话：(023) 6370 6380

杭州
杭州市武林广场1号
电话：(0571) 8510 5993

青岛
中国青岛市山东路9号巴黎春天广场 1A01店
电话：(0532) 8580 7700

澳门路117号海信广场115/117 铺
电话：(0532) 6678 8118

长春
长春市朝阳区重庆路1255号长春卓展时代广场1层
电话：(0431) 8896 1510

哈尔滨
哈尔滨市南岗区花园街403号哈尔滨新世界百货商场1层47/59铺
电话：(0451) 5365 1739

沈阳
沈阳市沈河区北京街7-1号卓展购物中心1层
电话：(024) 2279 5151

沈阳市和平区太原北街86号中兴－沈阳商业大厦1层
电话：(024) 2341 2599

天津
天津市和平区解放北路188号天津海信广场1层
电话：(022) 2319 8111

乌鲁木齐
乌鲁木齐市友好北路589号美美百货
电话：(991) 6999 800

太原
太原市府西街45号华宇国际精品商厦102商铺
电话：(0351) 3339 698

南京
南京市中山路18号德基广场一楼 L112.L113店铺
电话：(025) 8476 4588

长沙
长沙市五一大道368号A座
电话：(0731) 5650 556

武汉
武汉市江汉区解放大道690号武汉国际广场购物中心一楼
电话：(027) 8571 7612

营销网络

北京
燕莎友谊商店
朝阳区亮马桥路52号
电话：(010) 6505 1133

北京庄胜崇光百货商场
宣武门外大街8号
电话：(010) 6310 6628

当代商城
海淀区中关村大街40号
电话：(010) 6265 8886

北京市百货大楼
王府井大街255号
电话：(010) 6521 1618

名表城新东安店
王府井大街138号新东安广场1层148铺
电话：(010) 6528 0390

首都机场3号航站楼店
北京首都国际机场T3-C

上海
上海东方商厦
上海市漕溪北路8号
电话：(021) 6469 2336

上海亨达利浦东八佰伴店
上海市浦东南路1111号一楼
电话：(021) 5836 0198

上海虹桥友谊商店卡地亚专柜
上海市遵义南路6号
电话：(021) 6209 5297

上海亨达利钟表有限公司
上海市南京东路372号
电话：(021) 6350 2052

西安
富明高钟表 · 西安世纪金花购物中心
西安市西大街1号钟鼓楼广场
电话：(029) 8721 3312

武汉
武汉新世界百货商场
武汉市汉口建设大道566号
电话：(027) 8571 0942

鞍山
慧通瑞士表店
鞍山市铁东区二一九路47甲-1号
电话：(0412) 5541 999

宁波
天一广场国际购物中心
宁波市中山东路166号天一广场107铺
电话：(0574) 8724 6861

温州
温州开太百货
温州市人民东路1号
电话：(0577) 8825 4720

温州银泰百货
温州市解放南路荷花路口
电话：(0577) 8800 8512

苏州
苏州泰华商城
苏州市人民路383号
电话：(0512) 6526 3378

无锡
无锡商业大厦
无锡市中山路343号
电话：(0571) 8893 1798-826

大连
友谊商城
大连市中山区七一街1号
电话：(0411) 8269 0035-222

百年城商厦
大连市中山区解放路1号
电话：(0411) 8269 0035-222

沈阳
名表城中街店
沈阳市沈河区中街路148号
电话：(024) 2484 1192

南京
南京金鹰国际商城
南京市汉中路89号
电话：(025) 8472 2347

长春
中孚世界名表珠宝行
长春市重庆路建和胡同79号
电话：(0431) 8896 0033

南昌
南昌百盛购物中心
南昌市东湖区中山路177号
电话：(0791) 6733 236

合肥
安徽瑞景名品中心
合肥市长江东路1104号
电话：(0551) 2201 011

成都
成都百盛时代广场
成都市锦江区总府路2号
电话：(028) 8666 5880

贵阳
贵阳荔星国际名品
贵阳市中华南路49号

郑州
郑州丹尼斯百货
郑州市人民路2号
电话：(0371) 6661 6236

济南
济南贵和购物中心
济南市天地坛街1号
电话：(0531) 8098 2118

山东银座商城
济南市泺源大街66号
电话：(0531) 8191 7888

长沙
长沙百联东方商厦
长沙市黄兴中路188号
电话：(0731) 2581 772

石家庄
石家庄北国先天下购物广场
石家庄中山东路326号1层
电话：(0311) 8593 6011

杭州
杭州银泰百货
杭州市延安路530号银泰百货一层
电话：（0571）8515 5231

杭州银泰百货西湖店
杭州市延安路98号
电话：（0571）8700 2198

江阴
江阴华联商厦
江阴市人民中路85号一层
电话：（0510）8687 2963

烟台
烟台振华大厦
烟台市芝罘区西大街8号一层
电话：（0535）6274 886

南通
南通侨鸿国际购物中心
南通市人民中路9号一层
电话：（0513）8579 8128

台州
台州东森购物中心
台州市路桥区西路桥大道130号B106铺
电话：（0576）8278 7766

义乌
义乌银泰百货伊美店
义乌市工人西路15号
电话：（0579）8526 9768

福州
福州大洋百货
福州市鼓楼区八一七路268号
电话：（0591）8303 6969

深圳
益田假日广场
深圳市南山区深南大道路9028号益田假日广场L1层2-6号铺位
电话：（0755）8629 8473

南宁
梦之岛购物中心
南宁市民族路49号
电话：（0771）2830 910

PIAGET

伯爵

大概因为其华贵珠宝商的形象太鲜明，伯爵的腕表生产能力反而时常被忽略。但只要是资历老一点的表迷，都知道当年品牌的9P及12P机芯有多经典。好汉不提当年勇，伯爵近几年来每年都有新机芯面世，这10年间就开发出17款自制机芯，这个数字的意义，内行人自然心中有数。

伯爵的强项是超薄机芯，当中以Altiplano系列为佼佼者。

使用838P超薄机芯的型号，是40毫米的大号白金表。此机芯的厚度仅2.5毫米，做出来的表也纤薄轻盈、斯文优雅。此表的小秒针盘设于10时位置。配合3时位置的伯爵标志，整体的重心略为上移，带出了完全属于自己的风格。它用细长的棒形时标，配修长的棒状时分针，视觉开阔宽敞。此表的机芯饰日内瓦条纹，基板使用鱼鳞纹处理，所有夹板用人手倒角，并以蓝钢螺丝锁定在基板上。此表的摆轮每小时摆21600次，虽然很薄也有65个小时的动力贮存。此表另有铂金以及红金配巧克力色表面的不同设计。

Altiplano每年都有新珐琅表的加入。伯爵将它定位成女表，但即使是男人戴也无不可。就算不戴，也可以作为艺术品收藏。新出品的四只，是使用彩绘珐琅的“兰”。兰者国色天香，从画面来看，色泽鲜艳，各具风情，当属价值连城之珍品名种。此白金表的外缘镶有78颗钻石，内装430P机芯，均属独一无二的孤本。

全新的Altiplano，还有采用Faberge雕花透明珐琅的设计。所谓Faberge珐琅，乃在金表面上以机械雕出花纹，再于其上覆盖一层透明珐琅，在不同的角度会焕发出不同色彩。伯爵用的蓝或紫，都有用宝石磨成釉粉的“七宝烧”味道，带出华贵的感觉。

具有长方的弧线表壳的Emperador，近年不单卷土重来，更是越战越勇。当中的畅销型号Emperador XL，新作带来新的点子。它是红金的表壳，表面上有伯爵家族的徽章。现在，所有以伯爵制表

Altiplano

18K白金，表壳口径40毫米，人手上链838P机芯，65小时动力贮存，鳄鱼皮表带连18K白金表扣，另有红金款式。

以兰花为题的孤本Altiplano女装表，18K白金镶钻表壳配彩绘珐琅表面。

史上经典表款为创作灵感的腕表，都有这徽章为记。银色表面上，有以时分针轴为中心的太阳放射纹，它的10时位置是方形的小秒针盘，6时位置有40小时的动力贮存指示。内部的551P自动上链机芯，27石，每小时21600摆，基板和夹板具有伯爵顶级机芯必备的装饰，例如日内瓦条纹及倒角抛光等。此表另有一款很有航海味道的白金款式，它是亚黑的表面，上面的圆形秒针环及弧形动力环以螺丝固定在表面上，充满硬朗阳刚。这些表均配鳄鱼皮带，装置折叠表扣。

同时，Emperador还有相当多的新变体。表壳密镶钻石的款式，在放射纹表面上有弧形的日历窗；只有时分两针的型号，从表壳到表面内外都镶满了美钻。也许还有不少朋友怀念这个系列的30秒回跳，今年的红金大号款式在12时位置装设回跳秒针，而6时位置则布置弧形日历窗，成为半复

Altiplano

18K白金，表壳口径38或34毫米，表壳镶嵌72颗钻石，雕花透明珐琅表面，人手上链430P机芯，40小时动力贮存，鳄鱼皮表带连18K金表扣。

杂表的典范。

从 Emperador的内弧到外弧，从长方到垫形，Emperador Coussin的造型带着丰腴而华贵的感觉，很受高端消费者欢迎。装置两枚新机芯的型号中，包括十分抢眼的大月相表。6时位的月相盘口径达12毫米，就算不是史上最大也肯定位居前列，更特别的是，金质的月亮片经过特别的烤制，呈现月球的坑洞表面。18K白金表壳配炭灰色表面，营造深邃的感觉。自动上链的860P机芯有72小时动力贮存。另有红金型号。至于另一枚Regulator，除了规范指针还有12时位的弧形30秒跳秒显示，带来前所未见的读时方式。超薄机芯一向是伯爵的强项，这只新的人手上链835P亦只有3.92毫米厚，备有65小时动力贮存。红金表壳配宝蓝色表面，同样备有白金型号。

之前以限量版出现的两地时

Emperador
18K红金或白金，自动上链551P动力贮存显示机芯，40小时动力贮存，鳄鱼皮表带连18K金表扣。

间表，新的代替版本采用了蓝色表面，与红金搭配起来亦相当好看。至于使用809P自动机芯的半宝石装饰Emperador Coussin，新加入了“洁本”。它是红金或白金的表壳，乳白色表面，有细长的罗马数字时标，配尖剑形时分针。当然，不得不提的还有使用伯爵自产机芯的万年历自动表，它有红金及白金的型号，自动上链的855P机芯有38钻及72小时动力贮存，除了闰年、月份、飞返星期及日历外还带有两地时间显示。

Protocole系列，以表壳尺码论可分为男装的Protocole XXL及女表Miss Protocole，方正的条线，令它成为伯爵表现其艺术视野的平台。一系列新作中，配珐琅装饰的Protocole XXL令人怦然心动。结合

Emperador的全钻及30秒飞返款式。

Emperador Coussin Regulator

18K红金或白金，人手上链835P规范指针飞返秒针机芯，65小时动力贮存，鳄鱼皮表带连18K金折叠扣。

巴黎/纽约的创作主题，它有了以珐琅表现的两个大都会的景色。表面上的掐丝珐琅，表壳上的内填珐琅，从里到外营造了广邃的画面。白金的是纽约，表现从自由女神像的高点看纽约的情景，远处帝国大厦高高矗立。黄金的是巴黎，凯旋门与埃菲尔铁塔左右辉映。由于画面够大，景色细腻处栩栩如生，天空与海水的描绘更前后有致。

Miss Protocole的珐琅套装表一向爱向大自然事物取材，最新的创作，以与Protocole XL同样的艺术手法做了一套蝴蝶。过往几年，四只一套的Miss Protocole“四季”都相当美丽，新作除了使用掐丝珐琅与内填珐琅，还镶上钻石作陪衬。它包括两只黄金表和两只白金表，蝴蝶的姿态也各有不同。另外一款Protocole XXL，是钻石与珠贝的搭配。它的创作主题是花形图案，红金款式的表面12时位置是一朵镶钻的樱花，而白金款式的6时位置则是半露的莲花，以花为中心，表面拼有珠贝构成的放射

Emperador Coussin Moon Phase
18K红金或白金，自动上链860P大月相机芯，72小时动力贮存，鳄鱼皮表带连18K金折叠扣。

Emperador Coussin
18K红金，自动上链850P两地时间机芯，72小时动力贮存，鳄鱼皮表带连18K金折叠扣。

Emperador Coussin
18K白金，珐琅表面，自动上链809P机芯，鳄鱼皮表带连折叠扣，另有红金款式，限量各50只。

Emperador Coussin Perpetual Calendar
18K红金或白金，表壳口径46毫米，自动上链855P双飞返万年历GMT机芯，72小时动力贮存，鳄鱼皮表带连18K金表扣 。

纹，另有钻石作某些局部的时标。方形外壳满镶钻石，以纯白色鳄鱼皮表带相配。

伯爵的Polo Relatif陀飞轮，从机械以至外型都充满想象力。如卫星般转动的陀飞轮表面固然不用说，就是表壳线条亦充满发挥空间。于是，设计师的目光自然落在它身上，打造了"向北京致意"的陀飞轮表。

黄金表壳，红色的珐琅彩绘，两条金色飞龙，加上表侧的万里长城，想得到的中国元素都被放进表的设计里。小时刻度虽是西式的罗马数字，但以金线加框，却带点子丑寅卯表面的大八件怀表风味。此表只造3只，表背有限量编号及中国风的装饰图案，定价300多万港元。另一只以帆船比赛为背景，主体是海蓝色的珐琅，让人几有置身海上之感，表面是罗盘图案，表背及两侧则描绘众帆船扬帆出海的英姿。18K白金表壳，配608P人手上链机芯，限量亦是3只。之前面世的Polo Chronograph更添加了全钻版本。不同大小的圆钻，为迎合表壳的形状嵌在不同的位置上。表面上及侧缘的细钻，更以工整的镶嵌表现工艺方面的一丝不苟。此表有红金与白金的不同型号，各有自己的个性。

伯爵在钻石表方面的名声，早已无远弗届。非有钻石不可的伯爵表，乃Limelight系列。全新的Limelight，以巴黎及纽约命名。这两个城市，分别位于欧洲与美洲大陆，代表着两洲的文化艺术和时尚潮流。

属于巴黎的，有代表建筑与高级订做服装的两个款式。前者是新艺流派的作品，中央是扁平的钻石表，有同宽度的镶钻链带。它有约重11.8克拉的620颗圆钻、约重0.9克拉的8颗

以巴黎及纽约著名地标为主题的Protocole XXL，表壳及表面采用掐丝及雕刻珐琅，限量各3只。

Miss Protocole

18K白金或黄金，雕刻珐琅表壳及表面镶有1.8至2克拉钻石，石英机芯，缎质表带连折叠扣，限量制作各10只 。

Protocole XXL
18K红金或白金，表壳镶嵌3.6或3.5克拉圆形钻石，表面镶钻，人手上链830P机芯，鳄鱼皮表带连18K金折叠扣。

梨形钻，表面上的64颗半瓣切割钻石也有0.3克拉。代表巴黎服装的，是一款袖形表。它如同袖口般宽大，以约重85.8克拉的1576颗钻石镶成，并以约重7.4克拉的83颗方钻构成袖口上的拉绳图案。这道钻石拉绳，也有以红宝石取代的款式。

巴黎是优雅的，纽约系列则带着时尚的“蒲”味。自由女神脚下的城市，有派对去之不完的夜夜笙歌，“蝴蝶结”的设计，刚好可记其盛。其中圆形的Altiplano型号，装置430P自制超薄机芯，白金外壳上是总重近1克拉的99颗钻石。亮黑漆的表面上，有12颗钻石做的时标，8时到11时位置有一钻石嵌成的半解蝴蝶结，正暗喻夜阑人静入港欢愉时。另一个女装款式，采用黑色绢带

Polo Tourbillon Relatif Beijing

18K黄金，表壳及表面饰以大明火珐琅，人手上链608P陀飞轮机芯，70小时动力贮存，鳄鱼皮表带连18K金折叠扣，限量制作3只。

以帆船比赛为创作主题的Polo Tourbillon Relatif。

组合成蝴蝶结镯带，并以镶钻白金扣扣合。18K白金的方形表壳，上有重达2.4克拉的119颗钻石，可以打开以看时间。它庄重且高贵，正是出席Black Tie Party的亮丽饰物。

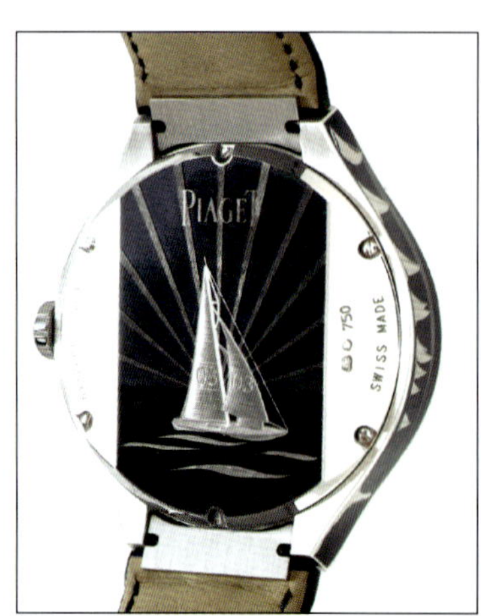

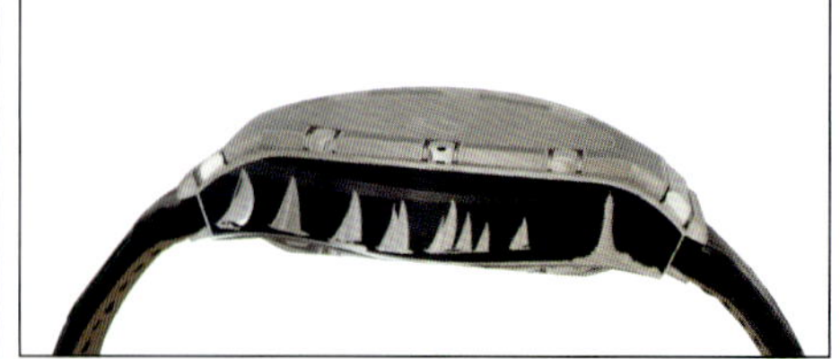

表壳及表面镶钻的Polo计时表，采用自产的880P自动上链机芯。

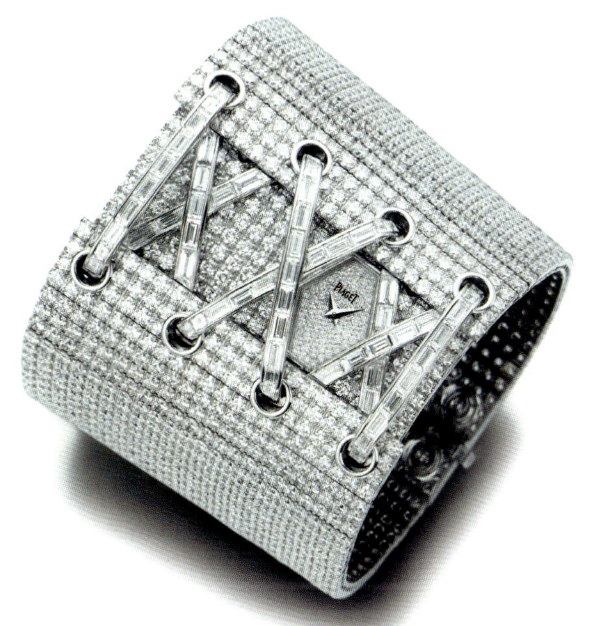

Limelight – Paris Couture

18K白金，表壳及链带镶嵌620颗共重约11.8克拉的圆形钻石及8颗共重约0.9克拉的梨形钻石，表面镶嵌64颗共重约0.3克拉的圆形钻石，石英机芯。

Limelight – Paris Couture

18K白金镶嵌1576颗共重约85.8克拉的圆形钻石及83颗共重约7.4克拉的长方形钻石，石英机芯。

以纽约高级订做服装为主题的两只Limelight镶钻腕表

资料查询

历峰亚太有限公司

香港中环康乐1号怡和大厦1301室
电话：(852) 2522 0139
传真：(852) 2810 0412

历峰商业有限公司

上海市淮海中路796号2号楼3楼
电话：(021) 3395 0900
传真：(021) 3395 0901

网址：www.piaget.com

国内维修服务中心

北京
北京崇文区崇文门外大街新世纪北座办公楼601室
电话：(010) 6709 4888
传真：(010) 6709 4800

上海
上海淮海中路 1325号爱美高大厦5楼501室
电话：(021) 6161 2888
传真：(021) 6161 2800

广州
广州市环市东路369号广州友谊商业大厦901室
电话：(020) 8350 7128-215
传真：(020) 8350 7138

专卖店

北京
北京东单北大街金鱼胡同8号王府半岛酒店GF-8
电话：(010) 6512 9065

北京市东长安街1号东方新天地商场首层A102号铺
电话：(010) 8518 2332

北京市朝阳区建国路87号新光天地1层120号铺
电话：(010) 6533 1486

上海
上海静安区南京西路1266号恒隆广场102B
电话：(021) 6288 1639

广州
广州市环市东路369号广州友谊商店
电话：(020) 8358 7785

长沙
长沙市芙蓉中路一段478号
电话：(0731) 4779 423

苏州
苏州市人民路383号苏州泰华商城一层111号
电话：(0512) 6572 5190

青岛
青岛市澳门路117号青岛海信广场奥运店一层
电话：(0532) 6678 8157

乌鲁木齐
乌鲁木齐市友好北路689号美美百货N-103
电话：(0991) 6999 288

沈阳
沈阳市中华路65号华登美美百货一层S-102
电话：(024) 3131 0028

西安
西安市南大街30号中大国际名品广场A118店铺
电话：(029) 8720 3027

营销网络

北京
高爵商贸赛特店
北京市建国门外大街22号赛特购物中心
电话：(010) 8511 4313

欧洲坊北京新东安店
北京市王府井大街138号新东安广场102-103号店铺
电话：(010) 6521 1839

金源燕莎友谊商城
北京市海淀区远大路1号
电话：(010) 8887 3916

北京英皇钟表珠宝店
北京市复兴门内大街101号1层北楼
电话：(010) 6653 6253

盖贝克北京机场T3店
北京首都机场3号航站楼
电话：(010) 6455 8621

上海
英皇钟表珠宝店
上海市南京西路1038号梅龙镇广场
电话：(021) 6218 6590

英皇钟表珠宝店
上海市淮海中路811－813号
电话：(021) 5465 6420

迪生钟表珠宝
上海市长宁区遵义南路6号虹桥友谊商城一楼
电话：(021) 6219 9319

欧洲坊上海港汇店
上海市虹桥路1号港汇广场101B号铺
电话：(021) 6407 3590

唐山
唐山百货大楼
唐山市新华东道125号
电话：(0315) 2821 952

大连
锦华钟表有限公司
大连市中山区人民路8号友谊商城
电话：(0411) 8265 9898-1066

锦华钟表有限公司
大连市中山区解放路一号百年商城M2层
电话：(0411) 8230 7803

沈阳
沈阳大公名表有限公司
沈阳市和平区中山路65号中山大厦大公名表中心
电话：(024) 2340 4588

沈阳大公名表有限公司
沈阳市和平区太原北街86号中兴- 沈阳商业大厦

哈尔滨
松雷商业大厦
哈尔滨南岗区东大直街329号松雷商厦钟表部
电话：(0451) 5362 0070

长春
长春中孚世界钟表行
长春市重庆路建和胡同79号
电话：(0431) 8896 0033

鞍山
鞍山东方表行
辽宁省鞍山市铁东区五一路34号
电话：(0412) 224 5188

天津
天津市亨得利钟表眼镜有限公司
天津市河西区友谊北路60号金河购物广场1层外店
电话：(022) 2326 0105

富明高钟表
天津市河西区友谊路21号
电话：(022) 5881 6206

天津海信广场
天津市和平区解放北路188号天津海信广场1层123号铺
电话：(022) 2319 8180

济南
济南贵和购物中心
济南市天地坛街1 号
电话：(0531) 8098 2015 / 8098 2018

昆明
昆明金格中心
昆明东风东路9号金格中心2层
电话：(0871) 311 9081

昆明金格百货汇都店
昆明市白塔路131号
电话：(0871) 312 8009

重庆
英皇钟表珠宝店海逸店
重庆市渝中区五一路海逸酒店LGL层(平街层)
电话：(023) 6382 8329

成都
迪生珠宝钟表
成都总府路31号西武百货1楼
电话：(028) 8662 6561

成都亨得利钟表眼镜有限公司
成都市春熙北段49号
电话：(022) 8666 3988

太原
华宇国际精品商厦
山西省太原市府西街169号
电话：(0351) 560 1606 / 560 1618 (办)
(0351) 560 1891 (店)

杭州
能爵商贸杭州大厦店
杭州武林广场1号杭州大厦
电话：(0571) 8505 7599

宁波
宁波盛和钟表有限公司
宁波市碶闸街197号天一广场一号门
电话：(0574) 8725 1199

深圳
喜运佳钟表有限公司
深圳市深南中路1095号中信城市广场福田西武百货二楼2019 (钟表部)
电话：(0755) 2594 1112

所罗门钟表珠宝店
深圳市罗湖区人民南路金光华广场1楼
电话：(0755) 8261 1299

南宁
广州友谊南宁店
南宁市青秀区金湖路59号地王国际商会中心
电话：(0771) 568 0212

乌鲁木齐
新疆星宝国际名表有限公司
新疆乌鲁木齐市和平北路70号天山百货大楼1层钟表厅(店铺)
电话：(0991) 232 6131

长沙
长沙友谊商店
长沙市五一大道368号友谊商店A馆一楼
电话：(0731) 4465 098

VACHERON CONSTANTIN
Manufacture Horlogère. Genève, depuis 1755.
江詩丹頓

江 诗 丹 顿

江诗丹顿与中国，有超过两个世纪的历史渊源。2008年末在上海淮海路开设的江诗丹顿之家，是继日内瓦后的全球第二家。它原址是一个有百年历史的四层双子别墅，经历过近代中国的几许繁盛与沧桑，经过长达一年的工程，双子别墅的其中一幢，成为了江诗丹顿在内地的沙龙。它共分为四层，地面是销售与展览部分，拥有除日内瓦总部外最齐全的产品阵容。而在另一个房间里，则展出来自日内瓦品牌博物馆的历史创作，让人们更了解这个有超过250年历史的品牌的底蕴。二楼除了有让鉴赏家交流收藏、分享好表的空间，更设置了仪器完善、零件充足的保养维修中心，大部分的腕表，都可在这里修好，无须送回瑞士去，大大节省了时间金钱。三楼是来自香港的著名私人会所Kee Club，提供齐全的酒单及丰盛的食物。四楼顶层设有独立的小房间，供品牌的贵宾预定作私人宴会的场地，最大的房间可坐20人。

“艺术大师”系列里的“向伟大探险家致敬”，是十分值得拥有的佳品。它们的表面是高温珐琅，其古地图采用人手绘画及掐丝珐琅两种工艺制成，上面还有与探险家相关的图画。其次，在双层的珐琅表面上，有很特别的指示方式，一个镂通的小时数字，游走在132°的分钟刻度上。这个设计，看似简单，其实很复杂。如果不是因为要表现所有资深收藏者都喜爱的珐琅艺术，那江诗丹顿的自创数字漫游机械必然令人大饱眼福。这样的机械，是绝对地难做的。

2004年，“向伟大探险家致敬”的头炮是“麦哲伦”与“郑和”，各做240只，但至今只完成了小部分，

Métiers d'Art Tribute to Great Explorers – Marco Polo

18K黄金，表壳口径40毫米，大明火多彩珐琅表面，自动上链1126AT漫游时分显示机芯，40小时动力贮存，防水30米，鳄鱼皮表带连18K黄金折叠扣，限量制作60只。

"向伟大探险家致敬"系列另一作品"哥伦布"，同样限量60只。

见过这两只表的实物的人并不多。最新的第二对创作，是"马可波罗"及"哥伦布"，名气同样响当当，而且珐琅的绘画也同样出色，但限量大幅减少至60只。在"马可波罗"之上，有他走过的丝绸之路的中亚洲地图，上面还有指南针、骆驼及元大都的图案。而在"哥伦布"之上，则是包括探险终点厄瓜多尔的美洲地图，右上方是哥伦布的船队。两款之中，我当然较喜欢"马可波罗"。它的地图分布给画面带来均衡，而马可波罗牵着骆驼走向都城的画面也很有意思。同样与中国有关，"马可波罗"甚至要比"郑和"好看。这两只黄金表的机芯，是36钻的1126AT，自动上链，有40个小时的动力贮存。

以日内瓦旧城Barbier Mueller私人博物馆藏品创作的"面具"套装，赢得举世推崇，首个系列面世后一直供不应求。据知，好几个经销商手上都有订单，但无法交出货来。第二套的四只表，仍然是四大洲的古面具。当中铂金的是大洋洲巴布亚新几内亚史匹克声省的木制的夸张面具缩影，黄金的是日本19世纪下半叶江户时代的木雕金漆作品佛头面具，红金的仿照公元数百年的美洲墨西哥玛雅文明时代的陶制面具香炉而成，白金的创作原型是非洲加蓬卡威利人的半硬木男性面具，原物为达达主义文化运动发起人Tristan Tzara旧藏，曾在纽约大都会现代艺术博物馆以"黑

1

2

3

4

'ers d'Art Les Masques Edition 2008

、18K红金、白金及黄金，表壳口径40毫米，自动上链2460G4机芯，40小时动力贮存，日
'印记，防水30米，鳄鱼皮表带连铂金或18K金折叠扣，限量制作25套 。

. 美洲，墨西哥面具香炉
Mask-shaped censer, Mexico
2. 亚洲，日本佛头面具
Ritual Buddha mask, Japan
3. 大洋洲，巴布亚新几内亚Brag面具
Brag mask, Papua-New-Guinea
4. 非洲，加蓬卡威利人Pibibuze面具
Pibibuze mask of Kwēlē people, Gabon

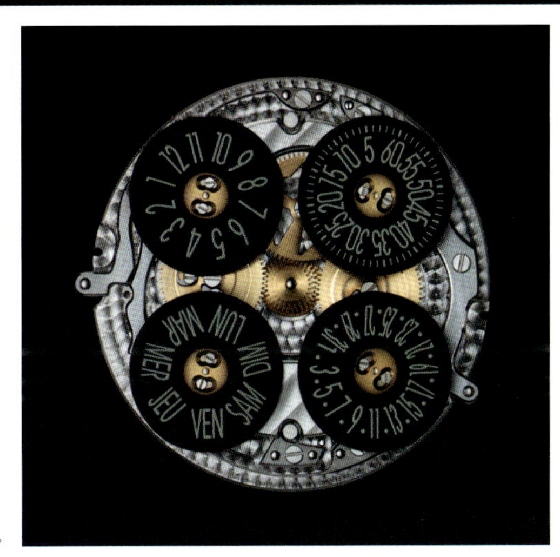

以转盘显示星期、日历及时分的2460G4机芯 。

Malte Tourbillon Regulator

铂金，表壳口径39.9毫米 x 49.9毫米，人手上链1790R陀飞轮规范指针显示机芯，40小时动力贮存，人手缝制鳄鱼皮表带连铂金折叠扣 。

奴艺术”的主题展出，世称“沙拉面具”。除了微雕面具，表面印上了法国作家Michel Butor为每一款表创作的诗句。这套表将会继续限量生产25套。表面的四周，分别以碟片指示星期、日历、小时及分钟。它使用25.6毫米2460G4自动上链机械机芯，27石，有40个小时的动力贮备。40毫米的透明表背，可看到符合日内瓦印记装饰标准的机芯。此表配人手缝线鳄鱼皮表带，用与表壳物料相同的折叠扣佩戴。

马耳他系列不单取材自品牌商标的马耳他十字星，它的独特个性与风格，更赋予了品牌明确的形象，

Malte Tourbillon Regulator

18K红金，表壳口径39.9毫米 x 49.9毫米，人手上链1790R陀飞轮规范指针显示机芯，40小时动力贮存，人手缝制鳄鱼皮表带连18K红金折叠扣。

Overseas Chronograph

18K红金，表壳口径42毫米，自动上链1137计时机芯，40小时动力贮存，软铁防磁保护网，防水150米，鳄鱼皮、橡胶表带连红金折叠扣或红金链带。

成为最具识别性的系列之一。来自马耳他十字星的某个组成部分，成为手表的表耳。无论在圆表上还是酒桶形表上，这标志都十分突出，让人远远看出，这美丽的表就来自江诗丹顿。全新的规范指针陀飞轮，就装在有了重大改变的马耳他表壳上。这款新表

Overseas Chronograph的表冠饰以马耳他十字星标记。

Overseas Dual Time

18K红金或白金，表壳镶嵌88颗共重0.9克拉钻石，自动上链1222 SC GMT机芯，40小时动力贮存，软铁防磁保护网，防水150米，鳄鱼皮表带连18K金折叠扣 。

Quai de l'Ile Date Self-winding

钯金、18K红金或钛，表壳口径41毫米，自动上链2460QH机芯，40小时动力贮存，日内瓦印记，防水30米，人手缝制鳄鱼皮或橡胶表带连钯金、18K红金或钛折叠扣。

Quai de I' lle的表壳由7部分组成，可按个人喜好由不同物料组合。

壳，尺码加大了很多。如果照以往的比例放大，那表耳会过长，而表身在多数人的手腕上也会印（此象形字真恰当！）出来。新的设计，相对地修短修细，既能与皮带很好地契合，也令佩戴更为舒适。

在人手造表的年代，放在调速师面前，供他用作校准钟表的参考的时计，叫做master clock或是regulator。叫做regulator的时计，都有一个特色，就是时分秒的针都有自己的轴。好处很简单，指针不会重叠，可以看到很细微的变化，在调校时看起来够清楚。而在另一方面，三针不同轴节省了动力，降低了磨损，性能会更好。因为，无论大三针还是小三针，都要装置传动轮将运转传动到相关的轴上，不会像regulator那样直接装在每针自己的轴眼中。这种形式的指针，是控速的规范，所以改叫规范式指针。江诗丹顿在马耳他陀飞轮上用这种代表高度专业的指针，褒扬了陀飞轮在制表历史上的地位。

马耳他规范指针陀飞轮提供红金和铂金两个版本，它的人手上链1790R机芯，根据表壳形状做成酒桶形。其中意义，识者自当明白，不用饶舌。它应用了多种打磨装饰，包括环纹、日内瓦斜条及珍珠鱼鳞纹等。而固定陀飞轮框架轴的横桥是上摆夹，更用了11个小时抛光而成。它是整块的金属，两端分别有朝上与朝下的螺丝固定孔，横桥呈圆锥状，只能是人手方可为之。就算是用很高倍数的放大镜看，也找不到丝毫瑕疵。这款机芯有40个小时的动力贮存，前方的表面对此有清晰的指示。

运动表系列Overseas，增添了巧克力面的计时表。42毫米的红金外壳，与巧克力色表面真的是天作之合。两种颜色搭配起来，不单热情洋溢，也是高贵富态。在表面上，它有传统的三盘设计，而时间秒针的盘设于6时位置，看起来比较顺眼。12时位置的双窗大日历，看得清楚之余也为整体带出良好的平衡感。大块头的指针和时标，嵌上效果极强的夜光物料。它有40小时动力的1137自动机芯，由一个软铁罩保护，达到很好的防磁性能。此表的表冠、计时按钮与底盖均为旋入锁定式，有150米的防水能力。它可配用红金链带或鳄鱼皮带，并有深棕色橡胶表带作水上活动时的备用。

至于Overseas两地时间表，使用1222SC自动上链机芯。它的乳白色表面上有红金细框夜光时标，红金时分针设在中轴，6时上方有第二时区时针，其左方加以日夜指针作辅助。重重叠叠的圈上圈，还有40小时动力指针和日历针盘。它是拉丝的18K红金或白金的外壳，均配镶有88颗圆钻的外圈。此表配上白色的人手拉线鳄鱼皮表带，使用与表壳物料相同的三折双重安全扣佩戴，上有抛光的半形马耳他十字外扣。在进行水上运动时，可换上附送的白色橡胶表带。

应用“印钞票”科技的Quai de l'Ile新系列，从里到外都予人新鲜感。它使用了Patrimony的圆形表壳，也用了马耳他的扇形表耳，外形独一无二，但拿在手上却没有任何一个细节不是江诗丹顿的精雕细琢。Quai de l'Ile有两种基本设计，一是星期日历动力贮存显示型号，一是日历自动表。它的表壳由7个部件组成。这7个部件，分别用18K红金、钯金以及钛金属制成。后面两种金属都从没在江诗丹顿腕表上出现过。除了六个基本设计，用者可以自行选择不同的搭配，做出最有独特个性的表。表壳的七个部件，加表面、机芯、表带折扣的不同物料，会有400种搭配。

Quai de l'Ile的表面，更是表坛从没有过的创新。许多种应用在钞票和护照印刷上的尖端科技，首次引用到腕表的创作中。这里包括了秘署、微印、保安油墨以及隐形UV，让作品发出动人的光彩。透过表面，首先映入眼帘的是打磨修饰一流的机芯。根据不同的表壳物料色泽，它们的基板与夹板分别有镀铑与镀钌的处理，它们的上链摆陀，则别出心裁地用了镀钌的22K金。 上面每个部件的修饰，完全遵照日内瓦印记的12条守则进行，所以后面的发条鼓夹板上刻有鹰匙盾牌日内瓦印记。

在表面和表镜之间，有薄薄的宝石晶片，江诗丹顿在其上使用了沉淀增生电镀植字工艺，加墨与无墨的激光刻印，产生了多层次的视觉效果。有隐有现的图案，令整体既丰富也清晰。在防伪灯下，还能显示出特别的安全标记，使专做赝品的人无法下手。表面下方的“Swiss Made”与“Automatique”字样，以激光雕刻制成，而数字、日期、星期和“Vacheron Constantin Genève”字样，用激光刻出，再填上油墨。沉淀增生植字，则运用到3、6、9、12

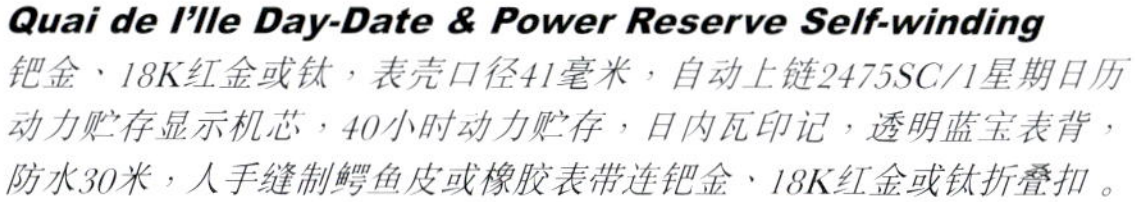

Quai de l'Ile Day-Date & Power Reserve Self-winding

钯金、18K红金或钛，表壳口径41毫米，自动上链2475SC/1星期日历动力贮存显示机芯，40小时动力贮存，日内瓦印记，透明蓝宝表背，防水30米，人手缝制鳄鱼皮或橡胶表带连钯金、18K红金或钛折叠扣。

Quai de I' lle的机芯根据不同表壳物料镀上铑或钌。

时标以及马耳他十字商标上。这种技术须先将宝石水晶片用超声波微喷砂处理，在既定温度下通过电镀反应使时标与马耳他十字商标慢慢沉淀成形。经电镀增生植字技术制成的图案跟模印印出来的几乎完全一样，而后者不能用于宝石水晶上。相比于以往宝石水晶使用的真空电镀技术，电镀增生植字技术更显出超高品质。

Quai de l'Ile系列腕表均用镀金属技术描绘出太阳图案。创作这个精致图案的灵感，源于日内瓦Saint-Gervais小区Bel-Air广场上的"里尔塔楼"（Tour de l'Ile，2005年江诗丹顿用它命名世上最多功能的手表），楼顶的大钟曾经是广场上所有钟表工匠校对时间的参考母钟。这不仅是江诗丹顿文化遗产的标志之一，也是保障表面不被仿冒的关键：太阳的中心是用隐形墨水所印成的圆盘，并置于防伪聚合物的背面，只有在紫外光灯下才能显现。

进一步体现了顶尖防伪科技的，还有表面上的微形字句。在日历自动表表面边缘，是1819年两人合作之始江诗丹顿写给华彻朗的信中的句子，表示对合作前景的信心，信云："有了你的鼎力相助，我向你保证我们将做出比所有旅行商人加在一起的数目还要多的表来。我深信我们将会成为强者：凭借全力以赴、精益求精的精神，我们的表厂将在业界备受尊崇。"而星期日历型号的两个小针盘边缘，则有"8"字形的镀白金英文小字，内容取自华彻朗1829年3月21日写给身在意大利扩展业务的江诗丹顿的信，祝贺他又赢得新客户。信的内容是："我们继续努力提高自己的产品质量，你就会陆续收到这类好消息。只有在所有改进都完成之后，我们的时计制造才有更好的品质价值，你才会放下心来。在达到设定目标之前，我们还有很多要做。"完美分工，和衷共济，互励互勉，共闯高峰，这就是I'lle的悠久传统。江诗丹顿的成功，绝非侥幸。

资料查询

香港中环康乐1号怡和大厦1307室
电话：(852) 2143 8111
传真：(852) 2511 0303

上海市卢湾区淮海中路796号
电话：(021) 3395 8000
传真：(021) 3395 0901

网址：www.vacheron-constantin.com

国内维修服务中心

江诗丹顿之家
上海市卢湾区淮海中路796号
电话：(021) 3395 8000
传真：(021) 3395 0901

专卖店

北京
北京王府井大街新东安市场1层148号铺
电话：(010) 6528 0067

北京市东城区东长安街1号东方广场东方新天地首层A101
电话：(010) 8518 9908

上海
上海市静安区南京西路1117-1127号铺
电话：(021) 5228 7881

鞍山
鞍山市铁东区二一九路47号鞍山慧通瑞士名表店
电话：(0412) 554 1999

大连
大连市中山区人民路36-38号L1-36店铺
电话：(0411) 8263 2417

宁波
宁波市中山东路166号天一广场国际购物中心F1-07
电话：(0574) 8724 7005

成都
成都市人民东路61号仁和春天百货1楼
电话：(028) 8665 2733

杭州
杭州市平海路124号利星广场1楼
电话：(0571) 8702 8693

沈阳
沈阳市和平区中华路68号
电话：(024) 2383 2831

营销网络

上海
上海钟表商店有限公司
上海淮海中路478-492号
电话：(021) 6387 7181

广州
广州友谊商店
广州市环市东路369号
电话：(020) 8349 5897

广州友谊商店
广州市天河北路28号
电话：(020) 8357 6028

长春
长春中孚世界名表行
长春市重庆路国联小区8B1楼
电话：(0431) 896 2168

重庆
英皇钟表珠宝
重庆市渝中区五一路重庆海逸酒店LG层
电话：(023) 63828329

大连
大连友谊商城
大连市中山区人民路8号
电话：(0411) 263 2417

大连百年城 (大连锦华钟表有限公司)
大连市中山区解放路1号
电话：(0411) 8230 7719

青岛
富明高钟表青岛海信奥运店
青岛市澳门路117号
电话：(0532) 6678 8157

哈尔滨
哈尔滨盛时钟表有限公司新宇三宝表行
哈尔滨市南岗区建设街51号
电话：(0451) 5365 9800

沈阳
名表城
沈阳市沈河区中街路148号
电话：(024) 2484 1192

深圳
深圳金光华
深圳市人民南路2028号金光华广场
电话：(0755) 8261 1580

乌鲁木齐
名表城
乌鲁木齐市中山路106号丹璐时尚广场底层
电话：(0991) 284 2422

昆明
昆明金格中心
昆明市东风东路9号（钟表部）
电话：(0871) 3119 088

MONT BLANC

万宝龙

造笔的万宝龙造起表来会如何？关注这个品牌的人们会发现这两三年它表现相当不俗。2008年是Minerva机芯厂的150周年纪念，亦是Collection Villeret 1858面世的第二年。万宝龙更再接再厉，推出了自行研发生产的机芯，成为真正独当一面的腕表制造商。

万宝龙的首枚自产机芯，可不是应景之作。除了拥有单按钮计时、别出心裁的显示方式，更在机械结构及修饰上达到极高的水平，绝对称得上是一鸣惊人。这机芯有两个大同小异的版本，由万宝龙在其位于Le Locle的厂房包办开发、生产及组装。当中在日内瓦展引起广泛讨论的，是人手上链的Cal MB R100。由286枚零件构成的MB R100机芯口径为30.6毫米，有33钻，双发条鼓，摆频每小时28800次，72小时动力贮存。通过透明表背，佩戴者可以欣赏到它的三夹板架构。上方的发条鼓夹板，顶部有半圆形的动力贮存显示，下方的半圆形开口部分，展露里面的星柱轮装置。中间的齿轮组夹板呈一字形，上有5颗固定齿轮的红宝石轴承。至于最下方则是形状如蝙蝠的摆轮上夹板，底下的螺丝调校摆轮口径达9.7毫米。夹板一律饰以日内瓦条纹，并以两颗蓝钢螺丝固定在鱼鳞纹打磨的基板上。计时部分除了星柱轮，还有高级的垂直离合装置。

这机芯的设计灵感源于1821年由Nicolas Rieussec发明的计时装置。这位法国人为了能准确地测量赛马的时间以增加胜算，想到了用一个木盒，上有连接着墨水出水口的时间转盘，只要启动装置，墨水便会滴在转盘上的刻度上作记录。这个饶富创意的发明，便是现代机械计时的原祖。追溯Rieussec的设计，主盘下方有一左一右两个转盘，分别是60秒及30分

Star Nicolas Rieussec Monopusher Chronograph

铂金、18K红金、白金或黄金，表壳口径43毫米，人手上链MB R100单按钮计时机芯，72小时动力贮存，防水30米，鳄鱼皮表带连18K金折叠扣，限量制作铂金25只，黄金及白金各75只，红金125只。

MB R200自动上链单按钮计时GMT机芯

MB R100人手上链单按钮计时机芯

钟累计，它们上方各有一支固定的蓝钢指针，以一道由2颗蓝钢螺丝固定在面上的金桥连系。按动位于表壳8时位置的按钮，转盘便会开启运作；再按一下按钮，转盘停止显示累计时间；第三次按动按钮，便可将转盘回零，准备下一次记录。

搭配此机芯的43毫米口径Star Nicolas Rieussec Monopusher Chronograph一律以贵金属造壳，有限量25只的铂金，各75只的白金及黄金，以及125只的红金版本。偏心的主表盘除了时分针还有同轴的日期指针。下方的计时部分底部饰以日内瓦条纹。冠上有珠贝的万宝龙之星，鳄鱼皮带连铂金或18K金折叠扣佩戴。

万宝龙自产单按钮计时机芯的另一版本，是自动上链的Cal MB R200。

它的计时部分与MB R100相同，但功能上略有分别，加入两地时间连日夜显示，动力贮存显示则被删除。机芯的零件数目增至300件，40钻，其他主要规格及修饰跟MB R100相同。此机芯装配在口径43毫米的不锈钢表壳上，表面保留原来布局，主时间盘的蓝钢指针由日历改为两地时间，盘两侧分别是弧形的异地时间日夜显示及日历窗，前者以不同颜色区分日夜。同样装配有透明蓝宝表背，以鳄鱼皮带连折叠扣或不锈钢链带佩戴。

Collection Villeret 1858是对万宝龙跨进专业制表领域具有重大意义的系列，2008年不单有新机芯面世，

Star Nicolas Rieussec Monopusher Chronograph Automatic
不锈钢，表壳口径43毫米，自动上链MB R200单按钮计时GMT机芯，
72小时动力贮存，防水30米，不锈钢链带或鳄鱼皮表带连折叠扣。

Villeret 1858 Seconde au Centre Retour-a-Zero

铂金、18K红金或白金，表壳口径41毫米，金质表面，人手上链Minerva 13-18机芯，60小时动力贮存，防水30米，鳄鱼皮表带连18K金表扣，限量制作铂金1只、白金8只及红金58只。

原有型号亦被赋予焕然一新的面貌。前者是配备停秒归零装置的16—18及13—18机芯，它们都是人手上链大三针功能，不同之处是16—18是38.4毫米大口径，13—18则是29.5毫米。16—18机芯有55小时动力贮存，装配在47毫米的表壳内，至于13—18机芯则是60小时动力贮存，配41毫米表壳。它们的实金表面为黑色或银色，上方饰以雕花图案，外圈有路轨式分钟环及红色的15、30、45及60阿拉伯数字。面中央是另一层分钟刻度，里面则是双层的螺旋式罗马数字小时刻度。冠上有珠贝的万宝龙之星装饰，可揭式底盖内有透明蓝宝水晶。按照系列的惯例，两者都是只造1只铂金，8只白金及58只红金。至于去年面世的两枚单按钮计时表，今年同时加入配黑色或银白色的“大明火”珐琅面的款式。整个Collection Villeret 1858系列，都拥有30米的防水能力。

除了在顶级制表领域昂首阔步，万宝龙的运动表及华贵女表亦不乏创新之作。以钽金属为表壳材料的潜水计时表，加入了红金外圈及表冠按钮的组合。表壳口径44毫米，配得到瑞士官方天文台表认证的自动机芯，黑白表面上两个计时针盘有红金色的外围，橡胶表带配红金针扣，备有氦气排气阀，防水300米。另外两只男表，分别是18K红金的Star 4810自动表及不锈钢的Timewalker自动计时表。前者表壳口径41.5毫米，选用得到瑞士官方天文台表COSC认证的机芯，表面以日历上方的万宝龙之星为中心，饰以放射波浪纹。后者则是43毫米表壳，黑色表面、外圈、表冠及链带中央带节用上大热的黑色陶瓷。

Star Lady Gold Moonphase Automatic自动月相女装腕表，加入了18K红金及白金的型号。此表口径36毫米，外圈及表耳共镶了104颗共重1.8克拉的Top Wesselton VVS长方形钻石，珠贝表面上还有一颗0.055克拉的万宝龙之星钻石，及日历针盘外围和倾斜外圈的104颗共重0.24克拉的圆钻。月相被放置在表

Villeret 1858 Grande Seconde au Centre Retour-a-Zero
铂金、18K红金或白金，表壳口径47毫米，金质表面，人手上链Minerva 16—18机芯，55小时动力贮存，防水30米，鳄鱼皮表带连18K金表扣，限量制作铂金1只、白金8只及红金58只。

Villeret 1858 Chronographe Email Grand Feu

铂金、18K红金或白金，表壳口径41毫米，大明火珐琅表面，人手上链Minerva 13-21单按钮计时机芯，60小时动力贮存，防水30米，鳄鱼皮表带连18K金表扣，限量制作铂金1只、白金8只及红金58只。

Villeret 1858 Grand Chronographe Email Grand Feu

铂金、18K红金或白金，表壳口径47毫米，大明火珐琅表面，人手上链Minerva 16—29单按钮计时机芯，55小时动力贮存，防水30米，鳄鱼皮表带连18K金表扣，限量制作铂金1只、白金8只及红金58只。

面的左上方，以灰色或米白色的缎质带连18K金针扣佩戴。另外两枚镶钻女表：Sport White Gold Lady Jewels及Profile Lady Elegance Diamonds，一圆一方但同样璀璨夺目。前者有黑白两个型号，38毫米的18K白金壳及珠贝面分别镶嵌72颗黑晶石（共重3.34克拉）及56颗钻石（共重1.27克拉），或112颗钻石（共重3.59克拉）及16颗黑晶石（共重0.8克拉），防水200米。

Sport Chronograph Tantalum Automatic
18K红金及钽，表壳口径44毫米，自动上链计时机芯，瑞士官方天文台表认证，防水300米，橡胶表带连18K红金表扣。

Star 4810 Automatic
18K红金，表壳口径41.5毫米，自动上链机芯，瑞士官方天文台表认证，防水30米，鳄鱼皮表带连18K红金表扣。

Timewalker Steel Collection
不锈钢及陶瓷，表壳口径43毫米，自动上链计时机芯，防水30米，不锈钢及陶瓷链带。

Star Lady Gold Moonphase Automatic

18K红金或白金，表壳口径36毫米，表壳及表面镶嵌209颗共重2.09克拉的钻石，自动上链月相机芯，防水30米，缎质表带连18K金表扣。

Sport White Gold Lady Jewels

18K白金，表壳口径38毫米，（左）表壳及表面分别镶嵌72颗黑晶石（3.34克拉）及56颗钻石（1.27克拉），（右）表壳及表面分别镶嵌112颗钻石（3.59克拉）及16颗黑晶石（0.8克拉），石英机芯，防水200米，橡胶表带连18K白金折叠扣。

资料查询

万宝龙商业（中国）有限公司
上海市南京西路1168号中信泰富广场1902—1906室
电话: (021) 6141 5888
传真: (021) 6141 5889

万宝龙太平洋有限公司
香港中环添美道1号中信大厦2501室
电话: (852) 2523 3591
传真: (852) 2525 5278

网址: www.montblanc.com

专卖店

北京
北京建国门外大街一号国贸商城L133B铺
电话：(010) 6505 1228

北京东长安街1号东方广场一层A402A&406
电话：(010) 8518 0250

上海
上海南京西路1168号中信泰富广场109&218铺
电话：(021) 5213 6611

上海浦东张扬路501号上海第一八佰伴一层
电话：(021) 5836 4134

南京
南京市汉中路89号金鹰国际购物中心一层
电话：(025) 8470 0427

无锡
无锡市中山路168号无锡八佰伴一楼
电话：(0510) 8272 3172

杭州
杭州市武林广场1号杭州大厦B楼一层
电话：(0571) 8517 4687

深圳
深圳市深南中路1095号中信城市广场1017&2031
电话：(0755) 2594 2478

广州
广州市环市东路369号友谊商店
电话：(020) 8348 9199

厦门
厦门市湖里区兴隆路厦门信达免税商场一层
电话：(0592) 2611 408

长沙
长沙市五一中路153号新世界百货1F
电话：(0731) 2921 191

成都
成都市人民东路61号仁和春天百货一层
电话：(028) 8665 6211

重庆
重庆市渝中区邹容路100号美美时代百货一层
电话：(023) 6382 7851

武汉
武汉市汉口建设大道566号新世界百货一楼
电话：(027) 8579 6547

西安
西安市西大街1号钟鼓楼广场金花商场一层
电话：(029) 8762 6822

宁波
宁波市中山东路166号天一广场国际购物中心一楼107铺
电话：(0574) 8725 3538

温州
温州市车站大道与锦绣路交叉口1楼
电话：(0577) 8899 3687

昆明
昆明市东风东路9号
电话：(0871) 3119 003

济南
济南市历下区天地坛街一号
电话：(0531) 8098 2681

苏州
苏州市人民路1366号
电话：(0512) 6209 6200

南通
南通市南大街28号
电话：(0513) 8552 3433

鞍山
鞍山市铁东区二一九路47甲-1号
电话：(0412) 2280 059

沈阳
沈阳市和平区太原北街86号1层
电话：(024) 3160 6878

大连
大连市中山区人民路50号时代广场购物中心一层L114
电话：(0411) 3985 7928

长春
长春市重庆路99号
电话：(0431) 8848 6921

哈尔滨
哈尔滨市道里区尚志大街73号
电话：(0451) 5898 9775

石家庄
石家庄中山东路188号一层
电话：(0311) 8526 1427

乌鲁木齐
乌鲁木齐市中山路161号
电话：(0991) 2842 306

呼和浩特
呼和浩特市新城区新华东街8号维多利广场一层名表中心
电话：(0471) 2823 861

SEIKO

精工

精工的Spring Drive，从研发至面世花了超过四分之一世纪，绝对是表坛中的一个传奇故事。自从2005年自动上链版本面世后，它被加入了不同的功能，成为一个日渐壮大的系列。如今Spring Drive更被委以重任，成为航天员登上太空执行任务时依靠的时计。

2008年10月，出生于英国的探险家Richard Garriott，乘坐俄罗斯的联盟TMA-13号太空船登上国际太空站，成为史上第六位私人的太空人。他委托了精工为他设计在太空佩戴的时计，设计师要面对的首个问题就是选择机芯。依靠电池推动的石英表率先出局；而由于腕表需要承受-20°C~70°C的极端温差，传统机械机芯的擒纵部分无法在这种情况下保持腕表准确运作，相反Spring Drive的三级同步控速器却不易受温度变化的影响，于是他们决定采用Spring Drive机芯。

这只Spring Drive Spacewalk以5R86计时机芯为基础，搭配重新设计的表壳及表面。它的48.7毫米大口径表壳以高密度钛金属制成，这种物料比不锈钢轻40%，而为了进一步减轻负荷，表壳两侧由精工以自行设计的CNC机器造成陷入的线条，进一步减少30%的物料采用。为了适应真空的太空及极端的温度变化，此表的密封装置亦花足心思，当中包括选用新设计的橡胶圈。而为了方便在厚重的太空衣上使用，表冠及计时按钮亦被移至12时位置。

因应表冠及按钮位置上的改

Spring Drive Spacewalk

钛，表壳口径48.7毫米，自动上链Spring Drive 5R86计时GMT机芯，72小时动力贮存，防水100米，限量制作100只。

Spring Drive Spacewalk的钛金属表壳侧缘的陷入式设计，能减少物料使用30%。

动，Spring Drive Spacewalk的表面亦作重新布局，两个计时针盘占据上方的位置，下面则是小三针及动力贮存，日历则留守传统的3时位。特大的时分及镂通中央GMT指针，与小时刻度均涂上比一般夜光物料亮三倍的特制Lumibrite涂层，确保任何环境下都清晰易读。此表的表壳厚度为15.3毫米，重量仅92.5克。采用星柱轮及垂直交连装置的5R86计时机芯，由50钻在内的416件零件组成，有72小时动力贮存。Spring Drive Spacewalk限量100只，当中3只预留给Garriott，其余推向市场发售。

Spring Drive计时表继之前的钛金属后，加入了不锈钢表壳配链带的型号。限量300只的此表口径45毫米，表圈上有测速计，表面外圈则是24小时GMT刻度，黑色的表面上，计时指针、GMT指针的三角箭头及动力贮存刻度涂上红色，两个计时针盘及小三针分别以银及黑作底色以便区分，计时按钮采用如相机快门的两段式设计，令操作更准确无误。表冠上的偏心小圆形装饰，带出“圆中有圆”的概念，呼应Spring Drive对时间生生不息、绵绵无尽的演绎。透明表背呈现Spring Drive 5R86机芯，防水100米。

限量版的Spring Drive月相腕表，同样是继2006年后再次推出，新设计与前作拥有相同的功能，表面中央由深蓝色改成黑色，加强深邃的

Spring Drive 5R86计时机芯的垂直交连装置 。

神秘感。黑底银面的月相盘贯彻简洁的设计，银色的月亮随时间的流转跨越月相盘，反映东方人浪漫感性的宇宙观。动力贮存显示亦作了显著的改动，弧形的底上有磨砂装饰，加强立体感。42.3毫米不锈钢表壳，侧缘的三层线条呼应表冠上的偏心小圆形装饰。通过透明蓝宝表背，可见到5R67机芯夹板、摆陀上的独特放射纹修饰及金色的滑动齿轮。机芯有30钻、288个零件及72小时动力贮存，限量200只。

以水上运动为设计主题的Velatura，自推出后便得到市场的广泛关注。新加入的作品中，最重要的创作当是搭配了全新的8R28自动计时机芯。资深表迷都知道，精工早于1969年便率先推出了带星柱轮及垂

Spring Drive Chronograph

不锈钢，表壳口径45毫米，自动上链Spring Drive 5R86计时GMT机芯，72小时动力贮存，防水100米，不锈钢链带，限量制作300只。

直交连装置的自动上链计时机芯，除了此两大法宝，8R28还加上了业内首创的一体式三锤系统，可让所有计时指针瞬间同步归零。它有34钻，摆频每小时28800次，不少于45小时的动力贮存。装配此机芯的Velatura Automatic Chronograph限量2000只，它的前卫表壳由不锈钢搭配碳纤维表圈，表带是精钢与橡胶的结合，集坚韧与轻灵于一身。在碳纤维表面上，3时位的小三针盘与6时及9时的累计时、分盘呈倒品字形排列，前两者之间还有即跳日历窗。配透明蓝宝表背，防水100米。

Arctura系列，选用精工自产的

Spring Drive Moon Phase

不锈钢，表壳口径42.3毫米，自动上链Spring Drive 5R67月相机芯，72小时动力贮存，防水100米，鳄鱼皮表带，限量制作200只。

Velatura Automatic Chronograph
不锈钢及碳纤维，自动上链8R28计时机芯，45小时动力贮存，防水100米，不锈钢及橡胶链带，限量制作2000只。

Kinetic机芯，新一代的外型设计结合气流动力学与高科技的外表，表壳及链带以弧形线条象征该系列追求的永恒价值。提供多款不同功能的型号，包括装上新机芯的大三针日历加飞返星期显示，7L22机芯的计时表及著名的“五眼”9T82机芯计时表等，后者限量500只，每只均附有由精工社长服部真二亲笔签名的证书。

Arctura Kinetic Chronograph
不锈钢，人动电能7L22计时机芯，防水100米，不锈钢链带。

Arctura Ultimate Kinetic Chronograph

不锈钢，人动电能9T82计时机芯，防水100米，不锈钢链带，限量制作500只。

Sportura Alarm Chronograph Honda F1

不锈钢，7T62响闹计时机芯，防水100米，橡胶表带。

Sportura Double Retrograde Chronograph
不锈钢，7T85双飞返计时机芯，防水100米，真皮表带或不锈钢链带。

专为赛车运动而设计的Sportura系列，连续四年与本田F1车队合作，带来带响闹功能的计时表。它的表壳、表面及表带，结合了不锈钢、铝、碳纤维及橡胶等在F1赛车上经常使用的物料，附有测速计的表圈上，有四颗螺丝装饰。系列的另一新贵，是拥有双飞返显示的计时表，贯彻系列的设计特色，红黑相间的色彩运用及独特的表身轮廓，凸显出赛车运动的刚强动感。

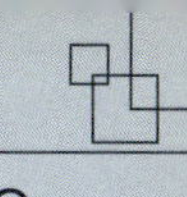

资料查询

精工表贸易(上海)有限公司

上海市黄浦区九江路286号宏伊国际广场2702-2704
电话: (021) 3366 5111
传真: (021) 3366 5399
网址: www.seiko.com.cn

国内维修服务中心

精工表客户服务部
上海市黄浦区九江路288号宏伊国际广场2701室
电话: (021) 3366 5111-221

Premier Kinetic Perpetual
不锈钢，人动电能7D56大日历万年历机芯，防水100米，真皮表带。

Premier Kinetic Direct Drive
不锈钢，人动电能5D44 Direct Drive机芯，防水100米，不锈钢链带。

营销网络

北京
名表城新东安店
北京东城区王府井大街138号新东安市场1层148铺
电话: (010) 6528 0067

上海
东方表行上海久百城市广场店
上海市静安区南京西路1618号久光·久百城市广场1层S102-S103号
电话: (021) 6288 2819

昆明
昆明金格中心
昆明市东风东路9号
电话: (0871) 3119 088

金格百货金龙店
昆明市白塔路90号
电话：(0871) 3120 495

成都
成都亨得利
成都市春熙路北段49号
电话: (028) 8666 3988 转 213

沈阳
大公名表中心
沈阳市和平区中山路65号
电话: (024) 2340 4588

宁波
宁波美和表行
宁波市碶闸街197号天一广场1号门
电话：(0574) 8725 1199

天津
天津市亨得利钟表眼镜公司
天津市和平区滨江道145号
电话：(022) 2711 6690

青岛
青岛新宇亨得利精工表专卖店
青岛市中山路164号
电话：(0532) 8283 8816

PATEK PHILIPPE
GENEVE

百达翡丽

今年的巴塞尔大展，最多人谈论的不是什么品牌有了出色的新创作，而是百达翡丽放弃日内瓦印记，改用新制定的百达翡丽印记。

2008年4月，百达翡丽向业内相关人士通报不再在机芯上使用日内瓦印记，消息很快就传到世界各地，掀起轩然大波。使用日内瓦印记，经过了政府立法程序。起用这个印记的原因，在于19世纪时从瑞士各地而来的品质参差不齐的表，都运到日内瓦销售，甚至僭称日内瓦表叫卖，威胁到本地制表商的财路，也破坏了日内瓦钟表的声誉。利益攸关，日内瓦州和日内瓦共和邦的立法机构大议会在1886年通过法例，完成保护地方产业的需要，却也为时计的品质订出了高标准 。

2009年4月，超越日内瓦印记之外，百达翡丽自己的印记正式在大众面前出现。这个印记也是盾形，中间是高低叠合的两个“P”字，其实为百达翡丽在1950年代试用过的商标，最早在12—600机芯的自动摆陀上出现。百达翡丽宣称，新的印记不单控制机芯的制作，还监管着整个手表的里里外外、产前售后。当然，对喜欢百达翡丽的人来说，机芯是很重要的，我们先看新印记在机芯方面的规定。

就基板及夹板方面，百达翡丽印记的规定条文是很仔细的：钢制零件的侧面必须磨砂，其角位与凹面必须抛光，肉眼看到的表面必须平滑，而装置调速装置的部件更要抛光；螺丝头必须抛光或凿上鱼鳞纹，其圆边及坑槽要去角；每枚机芯的轴承宝石都要有抛光的孔，夹板一面的宝石必须修圆及有抛光的凹陷面； 所有夹板的上方都要作出装饰并带抛光的斜边及凹面，夹板的背面和侧腹必须仔细地修饰；基板及次级基板的表面要饰以鱼鳞纹，全厚度基板的凹孔要倒角，凹陷面要抛光； 机芯传动轮系必须有最少一块夹板。

百达翡丽宣布推出自己的品质检定印记Patek Philippe Seal（百达翡丽印记），取代沿用一个世纪的日内瓦印记。

5960R年历计时表是首个刻上百达翡丽印记的腕表。

擒纵系统是心脏，百达翡丽印记这样要求：摆轮游丝必须以机械形式连接，以确保完美纯正的平面与圆弧形状。连接配件必须确保游丝能经得起NIHS标准规定的撞击考验；走时精准度的调节必须针对摆轮组合的惯性扭力进行，如果它们具有稳定的装置，带有快慢针和调节坑槽的调速器也是可行的；常规摆轮的轮缘必须倒角及有镜面抛光，其轮辐的顶面必须饰以喷沙纹或鱼鳞纹，轮辐及轮缘的底部要作细致的精饰； 擒纵轮必须轻盈，大型机芯上的摆轮厚度不能超过0.16毫米，直径小于18毫米的机芯的摆轮最大厚度是0.13毫米，其固定表面均须抛光，钢擒纵轮的齿必须倒角； 棘爪擒纵杆的角度移动必须由确保有精准角度的系统限制，钉梢和柱栓不允许使用。

除了擒纵系统，整个走时轮系的部件都严加限定。发条鼓及其面

Grand Complications Ref 5101R

18K红金，表壳口径29.6毫米 x 51.7毫米，人手上链TO 28-20 REC 10J PS IRM陀飞轮机芯，10日动力贮存，防水30米，鳄鱼皮表带连18K红金表扣。

Ref 5960R表壳两侧分别置有计时及隐藏式日历调校按钮。

盖的外观表面，还有棘齿和表冠轮，以至所有圆形部件，都要做精心的修饰；齿轮辐的两面都必须倒角，具有抛光的凹陷面；厚度0.15毫米或更薄的齿轮，其夹板一面必须去角及带凹陷面；铜合金轮的两面都要凿上鱼鳞纹，钢齿轮的齿缘要用木轮抛光；枢轴、翼边和条柄必须呈镜面状，轮轴的表面及枢轴的顶端必须抛光；上链摆陀要用贵金属制造，并且加以装饰；弹簧必须由原块金属制成，不可用金属线绕制。

百达翡丽印记的规定，不但深化了机芯的要求，还明文规定机芯部件和表壳所用金属物料。贵金属的外壳要用整块实心金属块制成，成色不得低于18K。表壳以自制的模具冲压而成，准确度要在千分之一毫米内。外壳的人手打磨要保持几何对称性与精准性，因此仅最后打磨来说，钢壳得花两个小时，铂金壳得花6个小时。而与此同时，宝石的品质也有标准。以钻石为例，来源必须合法，通体必须无瑕疵，色泽必须达E到F（中国人说的96到98色）类，即所谓上品韦塞尔顿级。而且，每颗宝石都必须单独固定，镶嵌面在水平上、垂直上和高度上平行，绝对不能使用黏合剂，镶好后不能刮手。

百达翡丽不但是艺术品，同时也是实用品。为达到最好的使用效果，每只表要经过几百个小时的检查测试。机芯的测试超过30天，成品表的测试超过20天。刻有百达翡丽印记的机芯，各方位的每天误差必须在－3到＋2秒范围内。至于小于20毫米的机芯，则允许在－5到＋4秒的水平里。这次的新规定，等于所有百达翡丽的准确度都要超越COSC天文台表标准了。甚至，百达翡丽将陀飞轮手表的测试标准提得更高。它们在动能模拟器上的装壳最终测试要在24小时内

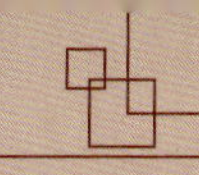

Annual Calendar Chronograph Ref 5960R

18K红金，表壳口径40.5毫米，自动上链CH 28-520 IRM QA 24H年历计时机芯，55小时动力贮存，防水30米，鳄鱼皮表带连18K红金折叠扣。

Chronometro Gondolo Ref 5098R

18K红金，表壳口径32毫米 x 42毫米，人手上链25-21 REC机芯，44小时动力贮存，防水30米，鳄鱼皮表带连18K红金表扣 。

有－2到+1秒之间的精准度，而6个角度的最大差别以及它们的本身误差每天必须低于4秒。与同厂其他表即便是复杂表不同的是，每只百达翡丽陀飞轮表出厂时都附有独立的测试证书。

每只百达翡丽手表都能得到终身维修服务，出厂超过30年的可以送到日内瓦工厂完全修复。同时，既然针对使用的需要，新印记的规条便巨细无遗，有很多意想不到的条文，例如贵金属的表要用贵金属的表带栓、前透镜与后透背只用sapphire crystal、指针和时标必须用实金制造、瞬跳日历装置必须在两秒内跳准、皮带要用依照华盛顿会议标准运作的农场生产的鳄鱼皮制造、其中心部分必须有防水性能等。

看过这些条款，相信朋友们对新的百达翡丽印记会有了一定的了解。与日内瓦印记的最大不同，在于它的全面性，有内有外，有今日有明天，

Celestial Ref 5102PR

铂金及18K红金，表壳口径43.1毫米，自动上链240 LU CL机芯，苍穹图、月相和月球轨迹、天狼星及月亮的中天时间显示，防水30米，鳄鱼皮表带。

虽然条款内的很多方面其实都只是百达翡丽的历史传统。今年的百达翡丽新表，在新印记的加盟下展现璀璨光彩。

敏感的朋友会发现，百达翡丽的好几个重要的创作都穿上了红金的外衣。没错，这就是名为“玫瑰金年华”的主题创作。首先，5101R取代了铂金的同型号。它的色泽组合，与5350R及5070R相类，即配上金属灰色的表面，以及红金的阿拉伯数字立体时标。10天动力贮存指示及小秒针盘用了银灰色，上有细细的环形圈纹。它的陀飞轮依旧设于底部，受百达翡丽的影响，我已经不怎么喜欢陀飞轮装置在前方的设计了。第二款玫瑰金表，是朋友们熟悉的5960。很有趣的是，它的颜色组合与5101R基本上完全一样，看得出品牌对这样的编排相当满意。5960P被人们炒了三年，略见饱和之势，5960R的出现，

Aquanaut Ref 5167R
18K红金，表壳口径40毫米，自动上链324 S C机芯，防水120米，橡胶表带。

会令需求再度加强。因为，很多朋友都会收藏几种外壳的。5960是十分超值的表款，在看到它的第一天我就有这样的慨叹。但没有人相信，我手上竟然没有这只表，虽然很可能在下是世上最早订此表的客户。看到了新款我就想，也许冥冥中注定我要先得到红金。

红金的百达翡丽5098R，更令我一见钟情，它更有Chronometro Gondolo的味道。第一次世界大战前后的南美洲，经济泡沫急速膨胀，成为瑞士表的大进口地。1902年开始，百达翡丽特别为里约热内卢珠宝店Gondolo & Labouriau生产怀表，并以店名为这些表命名日Chronometro Gondolo，同名手表是1910年开始生产的，到1927年停止制造。5098的原型是1925年的创作。沿用古董Chronometro Gondolo手表的特色，它是酒桶形外壳，配古法人工雕花表面，上有惹人遐思的Chronometro Gondolo字样，品牌商标也用了80年前的旧式，时标为当年流行的"Roaring Twenties"阿拉伯数字。前年的铂金款式试戴过许多次，最后总觉得有些欠妥而没有

Calatrava Ref 4897R

18K红金，表壳口径33毫米，表壳镶嵌72颗钻石，人手上链215机芯，44小时动力贮存，防水30米，缎质表带连18K红金表扣 。

Officer Ref 5153J

18K黄金，表壳口径38毫米，铰链外盖，自动上链324 SC机芯，45小时动力贮存，防水30米，鳄鱼皮表带连18K黄金表扣。

买下来，今天终于知道“欠”的是什么——因为不南美。20世纪初的南美洲，环境和煦又热炽，真是“玫瑰金年华”！看到红金的5098，那种暖意轰地一下涌上心头。忽然醒觉，古董Chronometro Gondolo有99%以上是红金，只有少量黄金，甚至完全没有铂金，难怪新款如此对胃口。红金壳配上巧克力色的新艺风格阿拉伯数字时标，我想起了哈瓦那，想起了圣保罗，想起了布宜诺斯艾利斯，想起了巴拿马草帽、亚麻衬衣、有吊带的宽松长裤，想起了古铜色皮肤的火辣桑巴舞女郎，这就是如假包换的Gondolo！我计划今年内要去一趟古

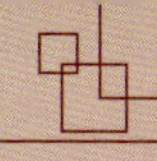

Grand Complications Ref 5970P
铂金，表壳口径40毫米，人手上链CH 27-70 Q万年历计时机芯，防水30米，鳄鱼皮表带。

巴，希望那时手上有一只5098R。

我刚买了黄金的5102，方知道铂金配红金新款好看许多许多。世上独一无二的每分钟都在变化的天象手表，不佩戴过不知道它的复杂程度有多高。那些每天一动的也叫天象表，岂不羞愧万分？这月圆月缺斗转星移的天文奇观，在铂金外圈底盖红金中壳的烘托下更是富丽堂皇，还没拥有这极复杂功能表种又花得起200多万人民币的朋友可以考虑了。此外，红金的新作还有5167R和4897R。前者是大号的Aquanaut，红金壳配巧克力色地球经纬格表面，装设巧克力色橡胶表带；后者是4896G的变奏，33毫米玫瑰金表壳上镶约0.47克拉的72颗钻石，巧克力色雕花表面上有长尖箭形金粉时标，配巧克力色缎面皮带。

World Time Ref 5131G

18K白金，表壳口径39.5毫米，掐丝珐琅表面，自动上链240 HU世界时间机芯，防水30米，鳄鱼皮表带。

5053停产，使很多喜欢Officer表款的朋友惆怅了好一阵子，今年得偿夙愿了。新的5153大三针自动表，造型类似5159万年历表，无独有偶的是表面中央也有粗细相间的放射纹雕花。放射纹的乳白外缘有尖箭形的实金时标，日历窗设于3时位置，表面并附百达翡丽经典的小圆珠点分钟刻度。它有Officer独具的揭底，打开肩铰设在洋葱状表冠边上的表背，就可以看到防尘宝石底盖后的精美机芯。此表为38毫米的直径，内装324SC自动机芯。新的5153，表壳以18K黄金制造。

高度复杂表是资深表迷最关注的项目。今年的百达翡丽复杂表除了5102PR，还有5970P及5074P。前者已推出三种不同色泽的18K金型号，铂金型号的面世是整个型号的完满功成。与同功能的5971P不同的是除了没有方钻外圈，还用了亚黑表面，使华贵益为内敛。它是具备万年历指示的计时表，边缘还有赛车用的测速计。40毫米的表壳，右侧表冠旁有两个方形计时按钮。5970生产了5年，向来都是收藏家钟爱的品种，玫瑰金与白金的品种去年停产后，金钱价值已有接近100%的提升。铂金款式应该更为珍贵，产量肯定比玫瑰金或白金的少，甚至可能比只在2008年制造的黄金型号还少，极有收藏意义。而铂金的5074是百达翡丽目前口径最大的三问表，使用大号表壳的主因是它与只用一圈簧条的设计不同，而是在原本簧条外再加一弧簧条，双锤双簧，便能打出悦耳悠扬的教堂钟声。它的黑色表面上，使用了自1985年便开始应用的全指针指示万年历，除了月份、星期、日期及月相，还有同轴指针指示闰年排序和日夜24小时，后者特别为避免误调而设。上述两款表都附送全金属密底，物主可以随意以它替换表上装好的宝石透明表背。

去年百达翡丽创作了5131J世界时手表。设计师聪明地把品牌及产地名称以古地图常用的字体刻在此表的外圈上，构成了另一种美。24个时区

Calatrava Ref 7119G

18K白金，表壳口径31毫米，珐琅表面，人手上链215 PS机芯，防水30米，鳄鱼皮表带。

Calatrava Ref 5116G

18K白金，表壳口径36毫米，珐琅表面，人手上链215 PS机芯，防水30米，鳄鱼皮表带。

Nautilus Ref 7010/1
18K红金或白金，表壳口径32毫米，表壳镶嵌46颗钻石，石英机芯，防水60米，18K金链带。

的旋转碟片，城市名字也用独特的古地图意大利字体写成。它看来很有古雅的风韵，是过去的世界时手表上从未出现过的。表面中央的珐琅地图，是紧凑的世界地图。它的主要色泽，以钴蓝为主，黄绿为辅。用放大镜看，看到金线与琉璃浑然一体，有如天然宝石般晶莹。说5131J是这两年世上最多收藏者寻觅的手表，相信绝不为过。更可恨的是，它有了珍贵的珐琅表面，定价却跟普通的5130P相若，更加多的人加入追逐队伍。这样还不够，今年百达翡丽又展出另一款珐琅面世界时手表5131G，为熊熊烈火再添燃油。原来，去年的黄金版本上展示的是欧洲／美洲地图，全新的白金版本则是另一半球的欧洲／亚洲地图。新款式的色彩更加丰富，而掐丝亦更是细腻，美学效果以我看来优于前作。特别是此表有我们所在的中国，那就难以失诸交臂。它是1940

年代百达翡丽推出世界时手表以来最美的型号，我想没有人愿意放过它，即便阮囊羞涩。很多人还在等5131J呢，看到5131G当更为焦躁！

3919增大为36毫米的5119后，这个以巴黎钉头表圈为设计特色的表款再度掀起了市场热潮。外圈上细细的小金字塔格纹，原是早年铁钉钉头上防止滑锤的处理，想不到这图纹在手表上会显得如此优雅。我原想在上海买一只Golden Ellipse，在看到它之后也禁不住移情别恋，买下了一只白金的。不过，今年百达翡丽别出新猷，为这个系列增加了一只纯正白珐琅面的型号5116G。白珐琅配白金，更有古典风情，而只比5119G贵了一点点的定价，将使它成为最热门的日用手表，朋友们必须早日将自己的名

Nautilus Ref 7011/1
18K红金或白金，表壳口径32毫米，石英机芯，防水60米，18K金链带。

Aquanaut Ref 5087/1
不锈钢，表壳口径35.2毫米，表壳镶嵌46颗钻石，石英机芯，防水120米，不锈钢链带。

字放到轮候名单上，这样的品种百达翡丽绝不会做太多的。同时，这个设计也有了女装款式7119，同样使用215 PS人手上链机械机芯。此表有黄金与白金两种款式，可配原装链带或带折叠扣的鳄鱼皮带。7119的口径为31毫米，有两种表面，分别是罗马字的010或是罗马字配小点分钟刻度的012。

百达翡丽今年相当重视女性市场，除了7119，还特别设计了新的Nautilus。它有运动的硬朗个性，也强调了女性既有的妩媚。在设计上它与男装型号一脉相承，却在细节上有不同的笔触。女装Nautilus为32毫米的口径，配E23SC石英机芯。此表有两个型号，分别是纯金属的7011以及镶钻的7010。后者的表圈上，镶有共重0.73克拉的46颗钻石。两个型号都有白金或玫瑰金的款式，可配银白或炭灰色表面。如果想买稍大一些的女性运动表，则可以考虑配上新款链带的Aquanaut 5087。它是35.2毫米的口径，以不锈钢制成，外圈镶有约重1克拉的46颗钻石。它的防水深度比女装Nautilus强一倍，高达120米。喜欢各种水上运动的女性，有了它已全无掌握精准时间方面的烦恼！

几个孤本制作的掐丝珐琅球顶钟：
（左上）《泰姬陵》；（右上）《俄国教堂》；（左下）《印度假期》。

资料查询

百达翡丽北京专卖店与服务中心
北京东城区前门东大街23号1号楼
电话：(010) 6525 5868
传真：(010) 6525 5898

百达翡丽上海专卖店与服务中心
外滩十八号
上海中山东一路18号1楼
电话：(021) 6329 6846
传真：(021) 6329 6106

美最时洋行（上海）有限公司
上海市延安东路588号东海商业中心13楼
电话：(021) 6352 8848
传真：(021) 6351 3138

网址：http://www.patek.com

Gērald Genta

杰罗尊达

杰罗尊达这个年轻的品牌面世不过40个年头，却总能用其无穷创作力给表坛带来惊喜。从外形、装饰细节以至功能，品牌都不断推陈出新，受到喜欢前卫艺术的表迷赏识。就以表壳造型来说，杰罗尊达就从不固步自封，圆形、表方形以至八角形的设计，都在其手上焕发出不一样的风采。

八角形表壳的Octo是杰罗尊达的代表性系列。品牌很多复杂及创新的功能，都率先甚至独家应用在它身上。另一方面，杰罗尊达生产的米奇表一直以来，也都以不同主题的设计及装饰为主打，功能方面则差不多是独沽一味的飞返显示，配上Fantasy系列的圆形表壳。2008年的米奇表有了突破，不单选用了Octo表壳，更首次装上陀飞轮，将卡通表与高级瑞士制表工艺这个人们一度无法想象的组合推向高峰。

说米奇是全球最多人认识的卡通人物，相信没有人会反对。诞生于1928年的米奇，2008年正好要庆祝80大寿。杰罗尊达有鉴于此，便给其送上陀飞轮这份厚礼。Octo Ultimate Fantasy口径42.5毫米，表壳以铂金打造，表圈则用上同色系的钽，上有飞返小时的刻度，但却没有劳烦米奇借出他的手而是用回传统的指针。充满立体感的表面是两层的结构，底部以白金制造，上层的红白黑刻度及装饰则是陶瓷。表面上方的米奇这次没有穿成飞行员或赛车手，但还是一贯的神气，好整以暇地坐在陀飞轮上。后者通个一个八角形的窗口展示，旋转框架上有蓝宝水晶制的搭桥。将表反转，通过透明蓝宝表背，可见到有64小时动力贮存的自动上链机芯，金制的摆陀上有米奇头像。配红色的鳄鱼皮表带，限量25只。此表定价约港币150万元，应该是史上最昂贵的卡通表了。

Octo系列的另一只陀飞轮表，同样是42.5毫米的铂金表壳配钽表圈，

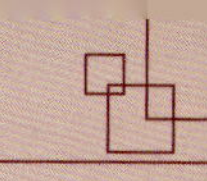

Octo Ultimate Fantasy

铂金及钽，表壳口径42.5毫米，白金及陶瓷表面，自动上链陀飞轮飞返小时机芯，金摆陀，64小时动力贮存，鳄鱼皮表带，限量制作25只 。

Octo Tourbillon

铂金、18K白金及钽，表壳口径42.5毫米，白金及陶瓷表面，自动上链陀飞轮飞返小时机芯，金摆陀，64小时动力贮存，鳄鱼皮表带 。另有18K红金款式 。

后者有12颗白金制的圆珠钉头装饰。表面的配置与米奇陀飞轮相似，白金底红白黑陶瓷刻度装饰，内层的黑陶瓷内有立体的阿拉伯数字飞返小时刻度，白金制时分指针。表面下方的陀飞轮旋转框架上一样有蓝宝水晶制的搭桥。配自动上链机芯，有64小时动力贮存，红色的鳄鱼皮表带。另有红金表壳款式。

圆形的Arena系列陀飞轮表，新增加了两个表面设计相似但整体风格迥异的款式。41毫米表壳的女装型号

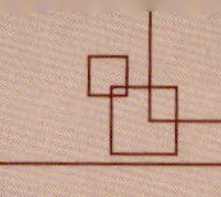

Arena Tourbillon

铂金及钯金，表壳口径45毫米，自动上链陀飞轮飞返小时机芯，64小时动力贮存，鳄鱼皮表带。

Arena Tourbillon Snow White

铂金及钯金，表壳口径41毫米，表壳镶钻，自动上链陀飞轮飞返小时机芯，64小时动力贮存，鳄鱼皮表带。

以雪白色调作设计重心，铂金表壳搭配镶钻的钯金表圈。多层次表面上，中央及外圈有波浪纹的镂通装饰，飞返小时刻度部分饰以白色漆面，上有立体的阿拉伯数字，陀飞轮横桥上有红色的小秒针。至于口径加大至45毫米的男装款式同样是铂金表壳搭钯金表圈，改以神秘感十足的灰色为主调，拉丝打磨的表圈带出刚强动感。不论男金款式均选用自动上链机芯，有64小时动力贮存。

除了表壳造型多样化，红与黑的颜色配搭，亦是杰罗尊达的标志。拥有多层次表面及独特显示方式的Arena万年历GMT，新增了两个红

Arena QP GMT

钛及铂金，表壳口径45毫米，自动上链GG7044万年历GMT机芯，45小时动力贮存，防水100米，鳄鱼皮表带连钛折叠扣。

L'Octo Joaillerie

18K红金，表壳口径39毫米，表圈镶嵌22颗共重0.066克拉钻石，紫色珐琅表面镶嵌177颗共重0.533克拉钻石，自动上链跳时飞返机芯，45小时动力贮存，防水100米，水蛇皮表带 。

黑搭配的版本。其中一款表面12时的GMT表盘是黑底白字，外圈带圆点镂通的部分及闰年指示内圈，以及鳄鱼皮表带则同上红色。另一版本则刚刚相反，红底白字的GMT表盘加黑色表面外围、闰年指示内圈及鳄鱼皮表带。此表45毫米钛金属表壳配铂金表圈，内藏自动上链的GG7044自动上链机芯，有45小时动力贮存。

以“三连环”式的跳时视窗和气泡状镂通表面演绎瑞士艺术理论家伊登的色彩理论的Arena Spice，今番加入了全白的型号。41毫米不锈钢表壳，橡胶表圈上镶了一排钻石，飞返指针上由大至小的圆形镂通图案，与表面中央随时间流转而不断改变色彩的气泡相呼应。至于以华贵的珠宝树立独特风格的L' Octo Joaillerie，新作以紫色为主调，表面上，跳时小窗设在11时，钻石及紫色珐琅放射条纹图案由表面左上方一直伸延至表圈的下方，大胆的构图，带出前卫的视觉效果。

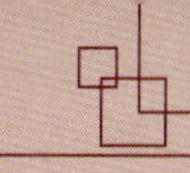

Octo Bi-retro的新红金表壳配蓝黑表面型号。

Arena White Spice

不锈钢，表壳口径41毫米，橡胶表圈镶钻，自动上链跳时飞返机芯，42小时动力贮存，橡胶表带。

资料查询

宝格丽商业（上海）有限公司

上海市南京西路1168号中信泰富广场32层3210B-3211室
电话：(021) 5116 5836
网址：www.geraldgenta.com

专卖店

上海市恒隆广场地下一层B115店铺
电话：(021) 6288 7281

雷达表

想当年，中国大陆市场开放之初，雷达表可谓是忽如一夜春风来，极其受欢迎。如今人们对手表认识渐丰，瑞士钟表在内地百花齐放，品牌要延续往日的辉煌唯有使出浑身解数。好汉不提当年勇，就直接来看看新作吧。

Original系列有着全世界第一款高科技硬金属手表，是品牌的创始基石。独特的金色PVD精钢椭圆形外壳环绕着圆形表面，深邃墨黑与金色交叠带出神秘气质。黑色的机芯亦透过蓝宝水晶表面若隐若现，别具一格的锚形自动陀更会随手腕摆动。配备着瑞士官方天文台表认证的自动上链机芯，再续品牌传奇。

Esenza系列新推出的款式，线条极其柔美的椭圆形表壳与Ceramica的棱角分明形成鲜明对比。表壳边缘细细镶上一道金线，与中央的时分指针相呼应。除去分别位于12时与6时位置的金色品牌名和产地，从表面到小牛皮表带清一色纯黑。大方典雅，无论日常使用或出席正式场合皆宜。配备瑞士石英机芯。另有白色边有四颗钻石时标款可供选择。

一向在物料选用上大胆开拓的雷达，限量版陶瓷系列为近年来的主打。以通体黑色为基调，加上陶瓷与方正的造形，辨识度极高。新的Ceramica真钻特大号系列以绿色为主色调。计时表有绿色反射镀层，四圆环共镶上106颗绿色石榴石，位于12时位的品牌名亦化身绿色。特大号款则在一片绿莹莹的表面上，只简单地伸出带有绿色指针头的黑色大三针。6时位是小巧的日历圆窗，被14颗绿色石榴石环绕。至于特大号满天星款，涂着黑色内膜的18K白金表面被满满镶上了绿色石榴石，12时位品牌成绿色而指针换作全黑。6时位透出的唯一白色是日历数字。蓝宝石水晶表镜与表面接合得天衣无缝，呈现仿佛《仲夏夜之梦》中黑夜森林的神秘与流光。

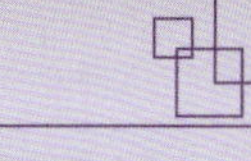

Original

镀金黄色PVD不锈钢，表壳口径41毫米 x 46.5毫米，自动上链ETA2892-A2 S机芯，天文台表认证，镀金黄色PVD钢质链带。

Esenza

镀金黄色PVD不锈钢，表壳口径33毫米 x 41毫米，石英机芯，黑色小牛皮表带连镀金黄色PVD钢质表扣。另有表壳口径24毫米 x 29.5毫米版本。

Ceramica Jubilé系列以绿色为主色调，表壳口径35毫米 x 36毫米，提供大三针日历、计时表及表面密镶绿色石榴石三个型号。

Sintra系列是饱满的酒桶形，并与抛光链带衔接完美，一气呵成。只见得满天星款有嵌满黑色钻石的正方形表面向上拱起，连着精心打造的拱形蓝宝水晶表镜。在星空般的背景之上，金色大三针、品牌名及日历显示营造出华丽闪耀的派头。渐收渐细的链带连三折叠扣增添了舒适度。计时表款体现完美的平衡感：在专利的亚光陶瓷表壳上有黑钻石镶嵌，2、6、10时位是等大的小表面，而12、4、8时位是与时分针一般镀有荧光物料的大三角形时标。配备ETA石英机芯，活力四射。至于该系列的巴塞尔特大号限量版，完全的黑色，却指示清晰。整只表立体感格外强烈，拱形表镜宛若天穹，线条无比流畅。时分指针雕花，限量2000只。另有小号表款，表面镶嵌24颗黑色钻石刻度，限量1500只。

Ture系列亦是黑金双色搭配，

Sintra Pave & Sintra Chronograph

黑陶瓷及镀黑PVD不锈钢，表壳口径34毫米x 32毫米，大三针日历型号表面镶黑钻石，石英机芯或石英计时机芯，黑陶瓷及钢质链带。

Sintra XXL的巴塞尔特别版。

圆形表壳与抛光表带融为一体。犹记之前纯白款的温婉，如今这只却在柔和之中更带有一丝不羁。干干净净的黑色表面上，除却黑金双色的大三针外，只剩12时位的品牌名和4时位的日历小圆窗，且都是金色。炫目的简约，在喧闹的时代尤为难得。再看计时表款，黑色表壳表面与白色指针刻度形成强烈对比，指示极为清晰。传统的倒品字形小针盘，短线状刻度外圈带出整个画面的前卫感。优质的石英机芯可做精确至1/10秒的计时。另有镶钻版可供选择。

Integral系列普通款有着长方形钢质表壳，由于左右两侧镀上了金色边，配着黑色镀膜的表面及黑色皮表带，顿时生出浓浓的怀旧感。中央也恰是有些做旧的金色时分针，6时位的淡金色日历窗及显示若隐若现。位于3时位的圆珍表冠侧缘也精心镀上金色。至于珠宝款，虽同为精钢材质，却全身上下镀了金。表面上所有字迹都换作换作黑色，表面内左右两侧各镶3颗美钻作时标。ETA266.041机芯，金色的链节表带成全了整体的优雅妩媚。

True & True Chronograph

黑陶瓷，表壳口径40毫米，石英机芯或石英计时机芯，陶瓷链带。

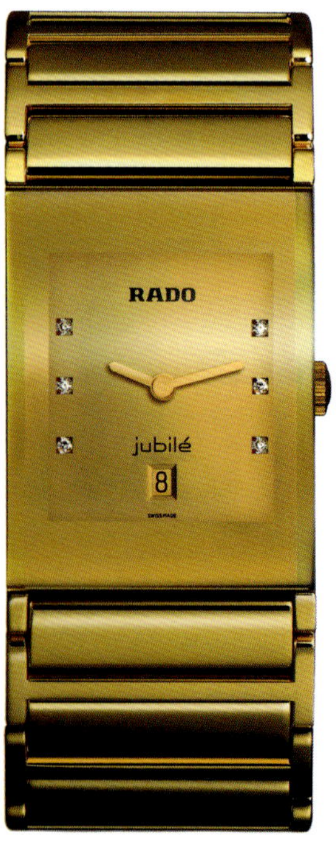

Integral & Integral Jubilé

不锈钢或镀金不锈钢，表壳口径23.5毫米 x 35.5毫米，石英机芯，日历显示，黑色皮带或金色陶瓷配镀金钢质链带。

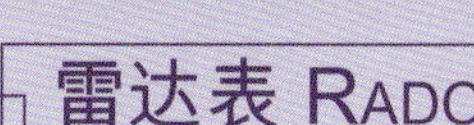

资料查询

瑞表国际贸易（上海）有限公司

上海市天钥桥路30号美罗大厦5楼
电话：(021) 2412 5000
传真：(021) 5459 1391

网址:www.rado.com

国内维修服务中心

纳沙泰尔手表服务中心

北京市建国门外大街22号
赛特大厦16楼1609室

广州市环市东路371—375号
世界贸易中心南塔9楼901室

上海市天钥桥路30号
美罗大厦4楼409室

沈阳市和平区中华路69-1号
富丽华国际商务中心11楼

查询热线：400 670 8898

营销网络

北京
安定门外安立路八号北辰购物中心
东长安街1号一层东方广场
北京首都国际机场三纬路盖贝克北京机场T3店
中关村大街15号中百华瑞中关村店
西单北大街120号亨吉利西单商场店
朝外大街8号蓝岛大厦
王府井大街138号一层148铺名表城
黄村镇兴丰南大街15号大兴星城商厦
府前街顺义国泰大厦
王府井步行街88号一层乐天银泰商场
立汤路186号一层翠微百货龙德店
西单北大街133号太运广场君太百货一层
亮马桥路52号燕莎商城4层
远大路1号东侧燕莎友谊商城金源店

新宇钟表北京亨得利
复兴路甲23号城乡购物中心一层
复兴路33号翠微大厦一层
北三环西路38号双安商场一层
崇外大街3号新世界商场一层
东三环中路北京富力广场首层104－107号
王府井大街255号1层

华瑞钟表
安贞西里5区4号北京华联商厦一层
建国门贵友商厦
建国路87号华贸中心商贸广场
复兴门外大街15号长安商场一层

英皇钟表珠宝
复兴门内大街101号百盛购物中心新区一层
宣武门外大街8号庄胜崇光百货商场一层
西单北大街178号中友百货一层

盛时表行
王府井大街176号
建国门外大街22号

上海
南京东路456号亨得利钟表
淮海中路478—492号上海钟表商店
肇家浜路1000号名表城上海汇金百货店
浦东机场一号候机室国内名品商业区域5号
南京西路2—88号上海新世界百货
长宁路1018号一楼亨吉利上海
南中路80号奉贤金叶商厦
真光路1288号东方商厦一楼

东方商厦
漕溪北路8号一楼
四平路2500号
南京东路800号

亨达利钟表公司
南京东路772号
浦东新区陆家嘴西路168号
南京东路340—372号

石家庄
中山东路188号一层北国商城
中山东路326号北国先天下购物广场
中山东路303号华瑞钟表店

唐山
新华东道125号唐山百货大楼一层

天津
和平路162号天津百盛
友谊路21号友谊商厦
解放路188号海信广场

亨得利钟表眼镜
滨江道145号
友谊路金河购物广场

专卖店

北京
北京市海淀区中关村大街40号一层
电话：(010) 6269 6120

上海
上海市淮海中路540号
电话：(021) 5306 7739

济南
济南市泺源大街66号
电话：(0531) 8606 5639

无锡
无锡市中山路168号
电话：(0510) 8274 7516

无锡市中山路343号B栋1楼
电话：(0510) 8279 0539

温州
温州市解放南路荷花路口银泰百货一楼
电话：(0577) 8868 0026

温州市五马街1号
电话：(0577) 8821 6822

郑州
郑州市二七路200号金博大购物中心
电话：139 925 81716

大庆
大庆市开发区纬二路39号
电话：(0459) 6296 279

西安
解放路103号民生百货大楼一层
西大街1号钟鼓楼广场世纪金花购物中心
高新技术产业开发区科技路55号东大街骡马市1号正元百货

亨吉利世界名表中心
南大街36号
东大街解放市场6号

兰州
巍雅斯名表行
东方红广场国芳百盛北门东侧
城关区中山路368号亚欧商厦一层

乌鲁木齐
中山路88号世纪瑞士名表行
和平北路70号天山百货大楼
友好南路30号友好百盛
天山区解放路116号王府井百货大楼

亨吉利世界名表中心
民主路22号
友好北路688号世纪金花

银川
玉皇阁南街新华商场8号巍雅斯名表行
新华东街29号一层亨吉利世界名表中心

东营
西四路239号东营百货大楼
济南路33号振华商厦
济南路296号银座购物广场

呼和浩特
中山西路39号维多利
中山西路98号天元商厦一层

济南
英雄山路15号银座商城八一店
太白东路51号济甯银座商城

贵和购物中心
天地坛街1号
太白中路16号

济宁
太白东路51号济甯银座商城
太白中路16号贵和购物中心

临沂
解放路中段71号亨得利瑞士名表店

潍坊
东风东街360号世纪泰华广场
胜利西街233号中百大厦

青岛
中山路144号亨得利有限公司
中山路44号新宇亨得利百盛店
香港中路38号阳光百货
澳门路117号青岛海信广场一楼

烟台
南大街78号振华购物中心

振华商厦
西大街8号
开发区长江路28号

淄博
中心路125号淄博商厦
柳泉路88号银座商城

大同
大西街8号云冈大厦一层亨吉利世界名表中心
大东街8号一层银星金店

太原
亲贤北街189号太原百盛
柳巷南路19号太原贵都
长风街中段705号太原燕莎
柳巷南路39号太原联洋
市府西街69号亨吉利世界名表中心
柳巷南路39号茂业百货

盛时表行
开化寺街87号华宇购物中心1203室
开化寺街62号

长沙
芙蓉区五一大道153号新世界时尚广场
黄兴中路66号王府井百货首层东方表行
五一大道368号友谊商店一楼
劳动中路2号新宇盛时表行
黄兴中路188号百联东方广场一层
劳动西路589号通程(金色家族)名品中心
黄兴中路88号平和堂商贸大厦一楼

广州
天河路208号天河城广场三楼东方表行
天河路200号广州百货中怡广场一楼
北京路261号亨达利钟表公司

友谊商店
环市东路369号
天河路228号正佳广场首层

贵阳
中华中路117号龙港百盛名表中心
中华北路1号国贸广场新宇国贸店

海口
昆北路二号珠江广场生生百货
海秀大道8号望海商城第一百货

昆明
东风西路99号昆明百货大楼
三市街6号柏联广场
东风东路9号昆百大珠宝公司
白塔路90号金龙百货
青年路8号一楼亨吉利昆明金鹰店

南宁
朝阳路青云街18号万达商业广场百盛购物中心
古城路5号梦之岛购物中心
民族大道131号巴黎春天
金湖路59号友谊商店

深圳
深南大道9028号益田假日广场L1层
深南中路航空大厦格兰云天大酒店一层

合肥
长江东路1104号瑞景名品中心
市淮河路77号1楼合肥百盛

芜湖
中山北路77号侨鸿国际购物中心

江阴
人民中路18号一楼江阴华地

南昌
中山路1号南昌百货大楼
胜利路26号亨得利钟表眼镜公司

南通
南大街28号金鹰国际购物中心
南大街3－21号文峰大世界

亨吉利世界名表中心
八一大道357号财富广场一层
中山路177号南昌百盛1楼

南京
山南路2号东方商城一楼东方表行
中山南路122号大洋百货1楼亨吉利钟表
山南路79号南京中央商场
汉中路89号新宇钟表

苏州
石路32号长江钟表眼镜有限公司
观前邵磨针巷88号世家名表店
北局路22号苏州人民商场
景德路26—64号新苏州百货

武汉
汉中解放大道688号武汉广场
汉口江汉路42号老亨达利世界名表中心
建设大道566号一楼老亨达利新世界百货店
中南路9号老亨达利中商广场店

无锡
中山路341号新世界百货

徐州
彭城广场北侧一楼新宁钟表
中山南路1号徐州中央百货大楼

杭州
武林广场1号杭州大厦购物中心
解放路251号解百新世纪商厦店
解放路218号亨得利
延安路98号银西百货
萧山金城路1177号汇德隆百货

洛阳
西工区中州中路429号亨吉利世界名表中心
中州中路287号中央百货大楼

宁波
中山东路151号东方商厦
中山东路279号一楼金光百货
碶闸街197号天一广场盛和表行
中山东路188号银泰百货
中山东路220号亨吉利世界名表中心

台州
东环大道289号耀达百货
银座街515号路桥华瑞名表
山东路378号台州新时代

温州
人民东路1号开太百货
车站大道时代广场
五马街4号五马名表城
解放南路495号盛时表行

郑州
花园路38号
花园路1号

河南
富豪表行
人民路2号
花园路8号
二七路224号正弘国际名店一楼

成都
春熙北段49号亨得利钟表眼镜公司
春熙路北段29号名表城
人民东路59号仁和春天百货
友谊路2号威斯顿联邦大厦一楼
总府路15号王府井百货
总府路2号时代百盛
西大街1号新城市广场新宇钟表盛时表行
东御街55—223号华瑞钟表

重庆
民权路2号重庆百货大楼
建新北路8号重庆百货江北商场
邹容路123号重庆新世纪百货
五一路海逸酒店英皇钟表珠宝
江北国际机场二号候机楼国内出发A指廊C2
沙坪坝区双巷子9号重庆新世纪凯瑞商都一楼
杨家坪正街26号斌鑫世纪城
建新北路37号一楼亨吉利世纪新都店

福州
817北路84号一楼福州东百股份有限公司
817北路133号一楼亨吉利世界名表中心

厦门
中山路76—132号巴黎春天百货
湖里兴隆路信源大厦1楼

长春
重庆路478号长春国际钟表店
重庆路968号亨得利世界名表中心
人民大街1881号长春百货大楼1楼
工农大路1128号1楼长春欧亚商都
重庆路1255号中孚世界名表行

哈尔滨
南岗区东大直街323号亨吉利世界名表
东大直街319号环宇钟表
中央大街142号盛时钟表
东大直街329号松雷商业大厦
果戈里大街378号远大购物中心
尚志大街73号麦凯乐哈尔滨总店
中央大街100号中央商城
建设街51号盛时钟表新宇三宝表行

吉林
吉林市重庆路1188号国贸购物中心

鞍山
铁东区五一路34号东方表行
二一九路47甲—1号慧通瑞士表店
二道街99号银座大厦银座瑞士名表中心

大连
解放路1号锦华钟表
人民路8号友谊商城

天辰表行
青泥街57号一层
西安路123号一层
青三街1号
西安路22—38号

沈阳
中山路65号大公名表中心
中华路63号欧亚集团沈阳联营有限公司
中街路146号名表城
中山路90号新宇三宝-
中街路212－214号盛时表行
太原北街86号中沈阳商业大厦
南京北街312号亨吉利名表

浪琴表
LONGINES®

浪 琴 表

创立于1832年的瑞士浪琴表，不论在怀表或是腕表年代，都拥有辉煌的成就。近几年，品牌努力检视自己的历史，从中选取了不同年代具代表性的作品，推出加入现代制表元素的复刻版。当中最令人印象深刻的，莫过于有口皆碑的Legend Diver。浪琴再接再厉，带来Instituto Idrografico R. Marina，是纪念70年前为意大利海军的地图绘制机构设计的计时表。原创款式于1937年在浪琴于索伊米亚（Saint-Imier）的工作坊创制而成，并于翌年初运送到Istituto Idrografico della Regia Marina。这只精密的腕表内藏著名的13ZN机芯，被当时的意大利海军制图员用来定时测量海岸线及海床。复刻腕表双针盘布局的黑色表面上，除了品牌飞翼沙漏商标外，还有二三十年代军表常见的大型阿拉伯数字时标，与蓝色的时分针一样涂上了夜光物料。不锈钢表壳口径40毫米，搭配自动上链的L651.3计时机芯，口径28.8毫米，有37钻，摆频每小时28800次，42小时动力贮存。表背刻了Instituto Idrografico R. Marina的字样。配深咖啡色鳄鱼皮表带，防水30米。

浪琴在大受市场欢迎的Master Collection里，加入了飞返功能。它们所用的机芯由ETA历时两年开发，并独家供应给浪琴。当中的主打是拥有星期、日历、秒针及GMT四飞返的型号。此表的自动上链的25钻L698机芯是37.8毫米的大口径，摆频每小时28800次，有46个小时的动力贮存。腕表提供18K红金及不锈钢表壳，44或41毫米口径两种选择。采用Master Collection专用的麦穗粒雕花表面配蓝钢指针，四个弧形飞返显示，分别是包括3时位置的日历、9时位置的24小时GMT、12时位置的星期，以及6时位置的小秒针。表壳除了主表冠，还有三颗按钮或表冠，供前面3支指针的快速调校之用，增加使用上的方便。通过透明蓝宝表背，可欣赏到带

Istituto Idrografico R. Marina
不锈钢，表壳口径40毫米，自动上链L651.3计时机芯，42小时动力贮存，防水30米，鳄鱼皮表带 。

日内瓦条纹及圆珠纹打磨的机芯。搭配鳄鱼皮表带连折叠扣，有30米的防水能力，不锈钢型号更可选择以不锈钢链带佩戴。

另一个款式，外观及结构与前者相同。6时位置的小秒针，移到中轴成为长秒针。空下的位置，改为动力贮存指针。表面的指针由6支增至7支，功能也增加了一项，但由于飞返秒针比大三针在机械上更复杂，所以此表的定价亦较四飞返型号低一点。装置23钻的L697自动上链机芯，摆频每小时28800次，有46个小时的动力贮存。它同样有18K红金及不锈钢表壳以及44或41毫米口径的型号选择。

属于运动系列的Conquest带来了外圈、表冠及链带中节采用陶瓷的型号，有了这具备不朽魅力物料与不锈钢结合，集动感与优雅于一身的腕表呈现。陶瓷部分有黑色、灰色及白色三个选择。除了外形夺目，陶

Master Collection Retrograde
18K红金或不锈钢，表壳口径41或44毫米，自动上链L698四飞返机芯，46小时动力贮存，防水30米，鳄鱼皮表带连折叠扣 。

瓷更具备防刮花及防敏感的特性，且不受各种化学品影响，同时亦抗磨损及耐高温，堪称理想的制表物料。Conquest同时拥有多项特性，能迎合大部分运动的要求。包括防水300米、旋入式表冠及表背、表冠设有横向式护肩，以及三重折叠式安全表扣。41毫米的计时表采用L667自动上链机芯，有25钻，摆频每小时28800次，46小时动力贮存。表面上除了计时针盘及小三针外还有日历显示。可选择全钢、陶瓷中节链带，橡胶或真皮表带。至于自动上链大三针日历表有41及39毫米两个尺码，配L633自动上链机芯，有25钻，摆频每

Master Collection Retrograde with Power Reserve

18K红金或不锈钢，表壳口径41或44毫米，自动上链L697三飞返动力贮存显示机芯，46小时动力贮存，防水30米，鳄鱼皮表带连折叠扣或不锈钢链带。

Conquest Ceramic Chronograph

不锈钢，表壳口径41毫米，陶瓷表圈，自动上链L667计时机芯，46小时动力贮存，防水300米，全钢、不锈钢及陶瓷链带，橡胶或真皮表带连折叠扣。

Conquest Ceramic的女装版，39毫米表壳配白陶瓷表圈及白色珠贝表面。

小时28800次，38小时动力贮存。表面上有突出的阿拉伯数字12及6，同样备有全钢、陶瓷中节链带，橡胶或真皮表带的选择，更有白陶瓷配珠贝表面型号，适合女士们佩戴。

Conquest固然吸人眼球，而Admiral是浪琴另一个将动感个性与高雅气质融合实用功能的系列。表面经过重新设计，除了增强可读性之外更注入一丝优雅的感觉。推出计时表及GMT两个型号，前者的不锈钢表壳口径42毫米，配37.8毫米大口径的L705自动上链机芯，有27钻，摆频每小时28800次，46小时动力贮存。在黑色、巧克力色、炭灰色或银色的表面上，有特大的12时阿拉伯数字刻度，一大一小两支红色的计时指针，倾斜外圈上有测速计及小时刻度，表面中央则有另一层的分钟数字刻度圈。至于GMT腕表，口径同样为42毫米，选用自动上链的L704机芯，口径亦是37.8毫米，有24钻，摆频每小时28800次，46小时动力贮存。表面同样有黑色、巧克力色、炭灰色或银色四个选择，黑色外圈上有GMT的24小时的刻度，配合设于中轴上的红色GMT指针。两表皆防水100米，

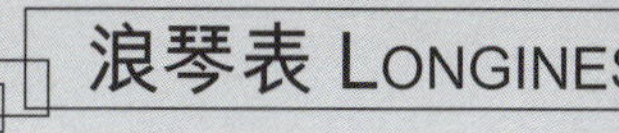

Conquest Ceramic
不锈钢，表壳口径39或41毫米，陶瓷表圈，自动上链L633机芯，38小时动力贮存，防水300米，全钢、不锈钢及陶瓷链带，橡胶或真皮表带连折叠扣。

以不锈钢链带或鳄鱼皮表带连折叠扣佩戴。

Les Elégantes女表自2002年首次推出后已经到了第七个系列。仍然是一套三枚长方形、酒桶形及椭圆形表壳款式，以1917及1918年的表款为设计蓝本。18K白金表壳结合钻石及优美的图案，加入双轨道分钟刻度及古典小时数字。搭载1970年代的人手上链L805机芯，内外展现复古魅力，限量每款20只。

Admiral GMT
不锈钢，表壳口径42毫米，自动上链L704 GMT机芯，46小时动力贮存，防水100米，不锈钢链带或鳄鱼皮表带连折叠扣。

Admiral Chronograph

不锈钢，表壳口径42毫米，自动上链L705计时机芯，46小时动力贮存，防水100米，不锈钢链带或鳄鱼皮表带连折叠扣。

Longines Les Elégantes

18K白金，表圈镶嵌48至64颗共重0.456至0.529克拉的上品韦塞尔顿VVS钻石，人手上链L805机芯，28小时动力贮存，缎质表带，限量制作各20只。

资料查询

瑞表国际贸易（上海）有限公司

上海市天钥桥路30号美罗大厦4楼
电话：（021）6426 7962
网址: www.longines.com
售后服务热线：400 670 1832

专卖店

北京
北京市西单北大街120号西单商场一层
电话：（010）8808 7218

北京市东城区东长安街1号东方广场东方新天地一层AA05
电话：（010）8518 6202

上海
上海市淮海中路360号
电话：（021）6328 1268

上海市淮海中路99号大上海时代广场美美百货
电话：（021）6391 8001

上海市淮海中路918号九海百盛1楼
电话：（021）6415 3461

广州
广州天河路208号天河城1107铺
电话：（020）8559 1985

沈阳
沈阳市和平区中华路68号-111室
电话：（024）2323 2323—8106

杭州
杭州市延安路619号
电话：（0571）8587 3503

宁波
宁波市中山东路279号金光中心一层F1-03铺
电话：（0574）8773 3927

宁波市碶闸街197号天一广场一号门
电话：（0574）8725 1199

营销网络

北京
北京京马当代商城店
北京市海淀区中关村大街40号
电话：（010）6269 6120

上海
迪生钟表珠宝徐家汇太平洋店
上海市衡山路932号一楼
电话：（021）6407 5495

上海新世界城店
上海市南京西路2-68号
电话：（010）6359 8212

沈阳
沈阳卓展购物中心
沈阳市和平区中华路63号
电话：（024）2279 5588

大连
大连商场店
大连市中山区青三街1号
电话:（0411）8252 0856

石家庄
石家庄先天下购物广场
石家庄市育才街58号开元花园先天下广场1层盛时表行
电话:（0311）8593 6689

太原
太原御花园巴黎春天百货店
太原市开化寺街42号
电话：（0351）8218 085

郑州
恒盛表行大商集团郑州新玛特国贸总店
郑州市花园路38号大商新玛特郑州国贸总店1楼
电话：（0371）6570 1770

苏州
苏州世家泰华店
苏州市人民路23-29号
电话：（0512）6520 0638

南京
南京中央商场
南京市中山南路79号
电话：（025）8471 8288-280

无锡
无锡八佰伴
无锡中山路168号
电话：（0510）8274 7530

无锡商业大厦
无锡市中山路343号
电话：（0510）8270 0750

温州
温州银泰盛时表行
温州市解放南路世贸中心广场银泰百货西侧盛时表行
电话：（0577）8868 0026

重庆
重庆瑞皇世界名表中心
重庆市渝中区民权路1号
电话：（023）6381 7676

昆明
昆明金格百货金格店
昆明市东风东路9号
电话：（0871）3119 000

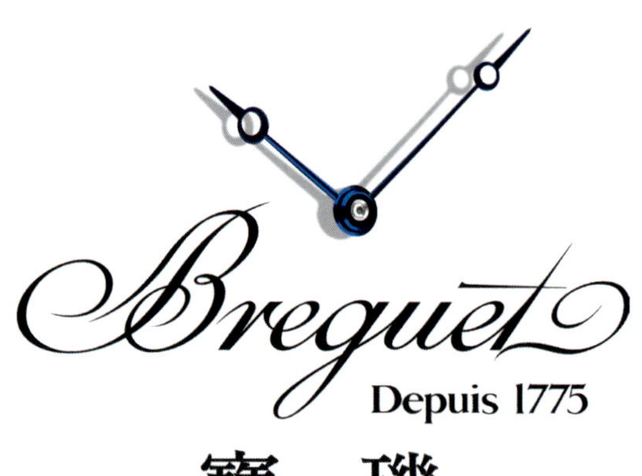

寶 璣

宝 玑

创立于1791年的宝玑，曾是法国海军的时计供应商。近年，品牌以其在军用器材的背景及经验，推出Marine系列，深受市场欢迎。系列的最新成员之一，是以精钢炼造的大日历自动表。虽然只有银黑二色，冷峻却更切合鲜明的军事造型。表壳口径39毫米。18K金的镀银表面中央是一片铭刻了云纹水波的黑铑。它的漩涡效果像深海巨螺的贝壳纹般优美。中央三针的设计、浮凸立体的罗马字时标配合每5分钟出现一次的菱形夜光标记。6时位的大日历窗以黑底银字报上日期，清晰好读。鞋钉花纹装饰的橡胶表带配精钢折叠扣，设有精钢链带以供选择，防水100米。

为巾帼英雄而设的Marine Lady Chronograph以18K红金打造，表圈表耳共镶了74颗重约1.16克拉的名贵钻石。34.6毫米的表壳里，38钻的自动上链机芯口径只有约24毫米，以体积论它是最精细的星柱轮自动计时机芯。天然珠贝表面上铭刻了螺旋波纹。日历窗及小秒针设于6时位。所有小显示盘上的读数都以别开生面的圆形金属片为记，在平静的水波上更添涟漪。小秒针的15与45间以钻石铺排的弧线相连，将太极二元的造型划在小秒针盘上。12小时累计盘设于9时位置，3时位的30分钟累计分盘的提示数字特意以6而非5为单位，布局更添佳趣。另备有18K白金款式，配同质折叠扣及白色橡胶表带。

另一计时表Classique Chronographe为39毫米红金表身、人手煅烧的白色珐琅表面。微陷入表面两边的小盘，左方是小秒针，右方是30分钟累计分盘，如螺贝形的鲜红螺旋由中央外旋而出，是非常怀旧的测速器设计，特长的中央计时秒针以同样充满火热动力的红在表面上慢溯。骤眼间，你真会以为它是上世纪初的产物。仔细看，那个时代的珐琅面与表壳打磨的精细度恐怕难以企及今天这款秀外慧中的人手上链计时表的完美细腻。它的人手上链机芯Cal 533.3，具有星柱轮、48小时动力贮存，振频也由从前的2.5赫兹提升至3

Marine Ref 5817

不锈钢，表壳口径39毫米，18K金表面，自动上链517GG机芯，65小时动力贮存，18K金摆陀，防水100米，橡胶表带或不锈钢链带。

赫兹。另备有18K白金款式及人手铭刻的镀银18K金表面。

Classique Ref 7137是很典雅的宝玑自动表。月相、动力贮存显示都采用倒悬式，分别在3和11时位置，日历是指针式的，在6时位均衡了表面布局。在银色的18K实金表面上，雕刻家尽展才情——中央是巴黎小钉的图案、贮备显示伴以微波、日期图中是原子结构。日常戴之也好、宴会戴之也好，它的吸引力只会与日俱增。

40毫米的Classique Grande Complication Ref 5447是当世宝玑腕表中的巅峰之作。巴黎小钉镌刻占据了由实金铸造的镀银表面中央。日、月、星期、闰年及月相等万年历元素在表面上的不同角落各司其职。

Marine Lady Chronograph Ref 8828

18K红金，表壳口径34.6毫米，表壳镶嵌74颗共重1.16克拉的钻石，表冠镶蓝宝石，表面镶钻，自动上链550计时机芯，45小时动力贮存，18K金摆陀，防水50米，橡胶表带连18K红金折叠扣，另有18K白金款式。

没有故作对称的分布但却和谐协调。人手上链的Cal 567RMP1机芯力求三问功能臻于完美——由发音簧片的物料、承载件的位置、打点系统的链鼓、打点小锤的力度操控，以至音色音量的微调都几经精打细算，务求达成最悠扬悦耳的听觉效果。18K红金表身配棕色短吻鳄鱼皮表带，另有18K白金表身可供选择。

随着Heritage Tourbillon Ref 5497的诞生，宝玑的陀飞轮有了酒桶形的新身段。铂金表身包藏着的18K实金表面，是被雕刻师吹皱了的一池春水。一片8字形的金属片原块镂通成罗马字时标。在时标框之外的陀飞轮布置，鸡头同样是一块金属镂刻而出，既设在6时位置，也自然给雕刻成触目舒心的“VI”。此表另有18K红金款式。

已成新一代经典女表的那不勒斯皇后，这一回倾力于独特手

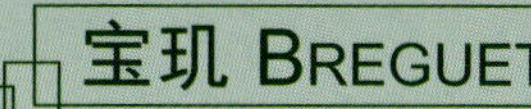

Classique Chronograph Ref 5247

18K红金，表壳口径39毫米，珐琅表面，人手上链533.3计时机芯，48小时动力贮存，防水30米，另有18K白金款式。

Classique Ref 7137

18K黄金，表壳口径39毫米，18K金表面，自动上链502.3 DR1月相动力贮存显示机芯，45小时动力贮存，18K金摆陀，防水30米，另有18K白金款式。

Classique Grande Complication Minute Repeater and Perpetual Calendar Ref 5447

18K红金，表壳口径40毫米，18K金表面，人手上链567RMP1三问万年历月相机芯，40小时动力贮存，另有18K白金款式。

工。Reine de Naples Cammea沿用已是当代经典的卵形表壳。18K白金打造的弧形表身，尺码为40毫米 x 31.95毫米，底面都配以透明晶石。表框上镶有重达2.42克拉的40颗顶级美钻。表冠上的梨形修饰钻石

Cal 567RMP1

也有0.26克拉之重。最精彩的是表面的独特选料和刻功，以天然贝壳层层细分雕刻出三维的向日葵图案，贝壳上的脉络经工匠的顺势疏理，雕琢成细致媲美真实花瓣、花蕊及富有灵性、生气的构图。出于自然而胜于自然，这才是真正的巧夺天工。由于贝壳产自天然，形态纹理各自不同，每块表面因此都是独一无二的艺术创作。Cammea使用的也是当世最精致的自动机芯之一，20毫米直径的Cal 537/1，它的18K金人手铭刻自动陀上特别镶有天然珠贝，让这只使用表壳作主题的典范作品里里外外一脉相承。配衬巧克力色调短吻鳄鱼皮表带，18K白金折叠扣上并缀以26颗重0.14克拉的小颗美钻。

Heritage Tourbillon Ref 5497

铂金或18K红金，18K金表面，人手上链187H陀飞轮机芯，50小时动力贮存，防水30米。

Reine de Naples Cammea Ref 8958

18K白金，表壳口径40 毫米 x 31.95毫米，表壳及表冠镶有41颗共重2.7克拉的钻石，自动上链537/1机芯，40小时动力贮存，18K金摆陀，防水30米，鳄鱼皮表带连镶钻折叠扣。

资料查询

The Swatch Group (HK) Ltd.

香港北角电器道169号宏利保险中心40楼
电话：(852) 2510 5168
传真：(852) 2887 1815
网址：www.breguet.com

ROLEX
劳力士

劳 力 士

年代不断转变，以往总是让人觉得喜以不变应万变的劳力士，在踏入新世纪后亦在不同范畴奋力向前。除了改变广告方式加强宣传力度，还不断采用新技术，并且在外观美方面有了很大的提高。

劳力士潜水腕表当以Submariner最为人熟悉，但论到防水能力，最强的却是Sea-Dweller。2008年，Sea-Dweller再上一层楼，增添了采用多个专利发明的更深潜新型号DEEPSEA。此表口径达43毫米，是半个世纪以来最大的劳力士腕表，起用这个名字，是为了回溯1960年名叫Deep Sea Special的试验样品深入10916米海底的玛丽安娜深沟，并且秋毫无损。新的DEEPSEA，使用了专利Ringlock全新结构表壳。法国专业潜水公司COMEX为劳力士特别开发了测试仪器，确保手表可靠并安全。DEEPSEA的防水能力证实可达3900米，是原本Sea-Dweller的1220米的3倍以上，成绩不可谓不惊人。

DEEPSEA的904L精钢中层表壳，内嵌具高性能氮素不锈钢的环，能更有效地消减加在表背及晶片透镜上的水压。它的表背，用高抗蚀性的钛合金制成，能很好地与中壳及钢环契合，达到高防水性。至于正面的弧面合成宝石玻璃，则比其他蚝式型号所用的加厚了许多，抗压性很强。这个专利结构，名字印在表面6时位置的磨砂内缘，显得十分夺目。相对地，内缘的12时位置印有“ORIGINAL GAS ESCAPE VALVE”的字样，揭示了此表的又一项特别装置。它是高性能不锈钢做的氦气阀门，大小吻合表壳的尺寸，使之达至完美的防水性能。这个设计，能在潜水的解压阶段时，释出进入表内的气体。这些含有氦气的气体，混在专业潜水员在深海加压时吸进呼出的高压气内，并在呼吸间伺机侵入手表内。如果不将之排出，便会在浮出水面期间快速膨胀，对手表带来伤害。这个排气阀门，设在9时位置的侧缘。

DEEPSEA采用新款的3135机芯，准确度通过了瑞士官方天文台表

Oyster Perpetual Sea-Dweller DEEPSEA

不锈钢，表壳口径43毫米，Ringlock System表壳结构，Cerachrom陶瓷旋转外圈配铂金阿拉伯数字，自动上链3135机芯，防水3900米，蚝式链带连Glidelock带扣。

Oyster Perpetual Day-Date II 218206

铂金，表壳口径41毫米，光身表圈，黑色表面连阿拉伯数字，自动上链3156机芯，超级元首型链带连Crownclasp带扣。

测试，有48个小时的动力贮存。表面的白金时标与指针，在造型上显得更宽，并嵌入新的夜光涂层，在黑暗中发出浅蓝色光。外缘的单向旋转分钟圈，由专利的CERACHROM物质制成。此表的链带以实心的904L不锈钢制成，可以很容易地调节长短，即使换上7毫米厚的潜水衣也能轻松佩戴。它的Glidelock带扣，调节宽度达18毫米。只要打开表扣，就可以看到里面的中置带齿夹片，轻轻将它拉出或推进，每一格有1.8毫米的长短加减，总共有10格。调到适合的长度后，将带扣锁上就好，对佩戴者十分方便。

除了DEEPSEA，劳力士2008年另一大的震撼，是日用表之王Day-Date改朝换代，推出了41毫米的大装版本Day-Date II。

Oyster Perpetual Day-Date II 218206
铂金，表壳口径41毫米，光身表圈，冰蓝色表面连罗马数字，自动上链3156机芯，超级元首型链带连Crownclasp带扣 。

由于口径加大，Day-Date II视觉上最明显的不同是外圈加宽了。新款依然有条纹及光圈的两种设计，各具婼妍，在腕上同样散发潇洒堂皇的气派。因为在线条轮廓上的考虑周全，确保了佩戴者的舒适。带有专利Crownclasp的超级元首型链带，细腻而流畅，使此表虽大却适恬贴手，它有传统的继承，也有潮流的时尚，带出了活跃的个性。

Oyster Perpetual Day-Date II 218239
18K白金，表壳口径41毫米，条纹表圈，象牙白表面连罗马数字，自动上链3156机芯，超级元首型链带连Crownclasp带扣 。

Oyster Perpetual Day-Date II 218235

18K红金，表壳口径41毫米，条纹表圈，粉红色表面连罗马数字，自动上链3156机芯，超级元首型链带连Crownclasp带扣。

虽然贵许多，但铂金Day-Date II毕竟是最美的。由于硬度高，它继续只有光圈，然而冰蓝的魅力喷薄而出，很难不动心。此冰蓝表面配像是淬过火的蓝金属立体罗马数字时标及棒状指针，有与生俱来的冷傲。与冰蓝面铂金款异曲同工的，还有红金黑字的配搭。劳力士的红金，称之为Everose，除了能表达这自成一派

Oyster Perpetual Day-Date II 218238

18K黄金，表壳口径41毫米，条纹表圈，象牙白表面连罗马数字，自动上链3156机芯，超级元首型链带连Crownclasp带扣。

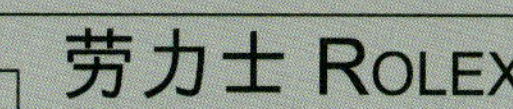

Oyster Perpetual Cosmograph Daytona 116505

18K红金，黑色表面配金色针盘，自动上链4130计时机芯，蚝式链带。

的色泽之外，还使人联想到发音有点像的Everest，它是世界最高峰，也意味劳力士正着力攀登到表坛最高点。Day-Date II有多种表面设计，细环纹的刻度圈上，有罗马数字或是阿拉伯数字的时标。对于喜欢多姿多彩的人来说，它还有几种彩色波浪纹的选择。

机芯也是新的。3156自动机芯引用了广获好评的Parachrom游丝，并在摆轮轴上放置新的专利Paraflex避震器，有特佳的抗震与避磁效果。这枚得到瑞士官方天文台表认证的机芯，有48个小时的动力贮存。

自2000年，Daytona计时表装

Oyster Perpetual Cosmograph Daytona

18K黄金，蓝色表面配红色小指针，自动上链4130计时机芯，咖啡色真皮表带。

Oyster Perpetual Submariner Date 116619

18K白金，蓝色Cerachrom陶瓷旋转外圈配铂金阿拉伯数字，蓝色表面，蚝式链带连Glidelock带扣。

置了由劳力士自主研发的4130机芯。而在之后的8年来，各种各样的新设计接踵而来，使人目不暇给。2008年，Daytona首次有了红金的链带型号。Everose的红，充满着火一般的激情，正是赛道上一往无前的动力。Everose Daytona有两个设计，第一款是红金面配黑色计时针盘，时标上有黑边；第二款是黑面配红金针盘，时标上围有红金边。这两个新型号的面世，肯定很快成为市场上的新宠。以往白金红针的款式已有极强承接力，二手市场的叫价一度超越定价，何况几十年来从未有过的红金。说到红指针，今年还有一个配皮带的新款。它是黄金的表壳，深蓝面盘，三根计时针为红色，时标乃阿拉伯数字。

除了偶尔在拍卖场出现的特别作品外，蓝圈蓝面的Submariner一直以来只有黄金或金钢的型号。别具韵味的白色金属配蓝色表面表圈，终于也在2008年的新Submariner上出现了。此表更非钢表，反而是许多人倾心的贵金属，那就更投人们的所好了。跟Daytona首次有红金款一样，Submariner也是破天荒第一次有白金款。除了配蓝色，它还有不锈钢型号所无的优良特性。它的旋转外圈，为陶瓷物料嵌入铂金分钟数字，

Oyster Perpetual Submariner Date 116618
18K黄金，黑色Cerachrom陶瓷旋转外圈配黄金阿拉伯数字，黑色表面，蚝式链带连Glidelock带扣。

焕发出宝石般的光彩。加大及加厚了的轮廓，配合加大的时标刻度，很有新时代的氛围。贵金属表戴在手上不会轻飘飘，给人沉稳的质感，正是很多人极少戴不锈钢表的原因。在机芯上，它也引入了著名的Parachrom游丝，达至更佳操作性能。除了此“海洋蓝”，新Submariner还加入黄金黑面黑表圈的版本。

资料查询

Rolex Service Centre

香港中环康乐广场1号怡和大厦14楼
电话: (852) 2249 8888
传真: (852) 2810 6964
网址: www.rolex.com

国内维修服务中心

北京
北京市东长安大街东方广场E1座8楼
电话: (010) 8518 8608

上海
上海市淮海中路222号力宝广场15楼
电话: (021) 5396 6993

Ω
OMEGA

欧 米 茄

2008年，欧米茄可谓喜事重重。不单庆祝创立160周年，更被委以重任，担任北京奥运会的官方时计。星座系列面世至今已历近一甲子，是世上最长寿，也最为人熟悉的表款之一，品牌庆祝大寿，它自然要披甲上阵。星座纪念版备有三种款式，分别是35.5毫米的男装表，以及25.5毫米或22.5毫米的女装表。男装表备有18K红金、18K黄金、红金或白金配不锈钢，及全钢款式以供选择。经磨砂处理的表壳上附有星座系列的经典托爪设计。表壳上镶以40颗美钻或附有黑色罗马数字，表背上铸刻了“160周年”的英文字样。小时刻度均镶以11颗美钻，3时位置则设置日历窗。首度装置2500自动上链机芯，配置同轴擒纵系统和无快慢针游丝摆轮，能长时间保持稳定性及精确性，更获瑞士官方天文台表认证，备有48小时动力贮存。

女装腕表经磨砂处理的表壳跟男装一样附有经典托爪设计，同样提供18K红金、18K黄金、红金白金配不锈钢，及全钢款式以供选择。25.5毫米及22.5毫米型号表壳上分别镶以38颗及30颗美钻。在白色珠贝或香槟色表面上，可见阿拉伯风格纹理以星徽标志为中心向外散射，配合立体欧米茄标志及12颗钻石小时刻度，营造瑰丽夺目的视觉效果。这两款腕表均以石英机芯推动。

博物馆系列的第八枚作品Racend Timer计时表，向欧米茄对世界体育计时中一项最突出的贡献致意。1949年，第一台附带照相功能的电子计时器Racend Timer面世，解决了田径赛事一群运动员同时到达终点的测算问题。以此枚不仅包含优秀制表技术，同时也在美学上超凡卓越的作品向欧米茄在体育计时方面所享有的盛誉致意，实是最合适不过。Racend Timer由同轴Cal 3201机芯驱动，机芯设有革命性的擒纵系统及无快慢针摆轮，使其长时

Constellation '95 Omega 160 Years Gents

18K红金、白金、红或白金配不锈钢或全钢，表壳口径35.5毫米，镶钻款式表圈上有40颗钻石，表面镶钻，自动上链2500同轴擒纵机芯，48小时动力贮存，防水50米，红金、白金、金钢或全钢链带 。

Constellation '95 Omega 160 Years Ladies

18K红金、白金、红或白金配不锈钢或全钢，表壳口径25.5或22.5毫米，表圈镶嵌38或30颗钻石，表面镶钻，石英机芯，防水30米，红金、白金、金钢或全钢链带。

间稳定而准确。经瑞士官方天文台表认证的机芯，装置精密的星柱轮计时机械。39毫米的表壳和外圈以18K红金制成，并饰以抛光及磨砂处理，时分指针同样以18K红金制造。抛光的18K红金旋紧表背饰有独特的博物馆雕刻及限量编号。通过防反射的透明宝石水晶镜面，可观看乳白色银质表面外围的红色测速计及蓝色脉搏计。防水深度达30米。以棕色鳄鱼表带及抛光18K红金表扣佩戴，限量1949枚。

1970年代初，欧米茄成立“阿拉斯加计划”（Alaska Project，以美国第49州的严寒天气点出其创立目

Museum Collection No.8 "Racend Timer"

18K红金，表壳口径39毫米，人手上链3201同轴擒纵计时机芯，55小时动力贮存，防水30米，鳄鱼皮表带连18K红金表扣，限量制作1949只。

标）团队，为超霸专业登月表研发能适应外太空极端温度的外表壳。研究的成果于1973年得到专利，而当年的其中一只试作腕表更于2007年的Omegamania拍卖以64,900瑞士法郎高价卖出。2008年，欧米茄决定复刻此表，42毫米不锈钢表壳配Cal 1861机芯，这枚人手上链计时表拥有45小时动力贮存。白色表面能有效反射热力，中央计时秒针是夺目的红色，3时位的30分钟计时盘及6时位的12小时计时盘装上有三角形配重尾端的俗称"阿波罗之手"的指针。配备不锈钢链带及两条带有磨砂红色铝合金表扣的尼龙表带。较长的尼龙表带于配上外表壳时使用，而较短的用于单独佩戴腕表时。红色的铝合金外表壳以及表壳表带替换工具，盛载于设计独特的收藏礼盒内，限量1970只。

Speedmaster Moonwatch "Alaska Project"

不锈钢，表壳口径42毫米，铝合金外表壳口径58毫米，人手上链1861计时机芯，45小时动力贮存，不锈钢链带及两条尼龙表带连铝合金表扣，限量制作1970只。

Speedmaster GMT "Solar Impulse"
二级钛金属，表壳口径44.25毫米，自动上链3603同轴擒纵GMT计时机芯，52小时动力贮存，二级钛金属链带。

超霸GMT"HB-SIA"的创作灵感，来自"太阳动力"(Solar Impulse)这一以太阳能飞机环绕地球的项目，计划在2009年，完成在36小时内环绕地球一圈的目标。欧米茄是项目的主要合作伙伴，除了资金及技术支援，更设计了这枚特别的腕表。表面采用与原型飞机表层类似的黑色碳纤维造成，Speedmaster标志下的橙色HB-SIA字样，正是原型飞机的登记编号。GMT指针顶端写上North字，末端则缀以飞机图案，除了24小时走一圈指显示两地时间，它还可用作辨别方向。只要将时针指向太阳的方向，并将GMT指针调校至时针与12时位的正中间，它便会指向北方。此表44.25毫米二级钛金属表壳及链带以抛光及拉丝相间打磨，内藏独家的自动上链Cal 3603机芯，有欧米茄的招牌同轴擒纵，星柱轮计时装置，瑞士官方天文台表认证及52小时动力贮存，防水100米，表背有欧米茄、Solar Impulse及原型飞机的徽章装饰及刻有独立编号。配钛金属链带或特别设计的橡胶表带。

碟飞Hour Vision年历表除了率先在《进口手表年鉴2008》披露的白金纪念版外，还加入了红金及全钢的款式，表面设计与限量系列无异，全钢款式备有银色或灰色表面配钢带

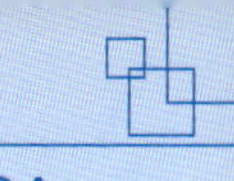

De Ville Hour Vision Annual Calendar

18K红金或不锈钢，表壳口径41毫米，自动上链8611同轴擒纵年历机芯，硅游丝，55小时动力贮存，18K金摆陀，防水100米，18K红金、不锈钢链带或鳄鱼皮表带连18K红金或不锈钢表扣。

或黑色短吻鳄鱼皮表带以供选择，红金款式则有银色或咖啡色表面配搭红金表带或咖啡色短吻鳄鱼皮表带，表壳侧缘的四个蓝宝石水晶透视窗，展现8611同轴机芯的优美修饰。它是8500机芯的改进版，具备即跳年历功能，更装配突破性的硅晶体游丝，提升机芯运作的准确性。这枚自动上链机芯得到瑞士官方天文台表认证，备有55小时动力贮存。

资料查询

网址：www.omegawatches.com

欧米茄旗舰店

上海

上海市南京西路1618号久光百货1楼

电话：(021) 6288 7021

广州

广州市环市东路368号花园酒店商铺G

电话：(020) 8365 2992

GP
GIRARD-PERREGAUX
芝柏表

芝 柏 表

在现任总裁Luigi Macaluso博士的领导下，芝柏表在高复杂腕表的领域不断取得突破。早在十多年前，品牌就将在1867巴黎世界博览会夺魁的三金桥陀飞轮怀表以腕表重生，为芝柏表在创新机械的长远发展拉开序幕。自此之后，芝柏表的陀飞轮就不断带来惊喜，2008年双轴陀飞轮的诞生，代表芝柏在近150年的陀飞轮奋斗史中的一个奇峰。

在Bi-Axial Tourbillon银白色表面上有我们耳熟能详的三桥，它们的中央俱作镂通处理，表面以细密拉丝打磨。最上方的两条桥是固定的金桥件，最下方的银色桥件却难以安于本位，因为它得随着陀飞轮擒纵器缓缓在表面上开凿的圆孔中悠悠打转。因此，陀飞轮虽说明明有桥可依，但一时间，你不知道应不应该把它界定为浮动陀飞轮的特例。由两个同心不同轴的框架构成，整个陀飞轮系统可以作多方位的转动，更彻底地与无所不在的地心吸力抗衡。双框结构中的内框架搭载了摆轮、游丝及擒纵轮，以45秒的快速完成一圈。另一轴的外框架则以1分15秒完成，也就是说，整个系统同步完成一个转动周期便需要3分45秒的时间。欣赏这双重运转的陀飞轮套目的运转就好比欣赏太阳马戏团那些艺人在空中回旋飞舞般过瘾。比一般陀飞轮装置复杂的双轴系统不能不耗上更多零件，总数计有113件之多。由于零件都异常精巧，而金、钢及钛的选材又恰到好处，双轴陀飞轮的总重量仅是轻如无物的0.8克而已。同轴的双发条鼓兼每鼓双发条的设计，让需要浩大能量支援长期均衡运作的陀飞轮表芯可以顺畅地运作三天而不歇。45毫米直径的18K红金古典芝柏表身配上黑色短吻鳄鱼皮表带及18K红金折扣，全球发行量只有33只。

一秒转动一圈的雷霆秒计计时机械（Foudrayante）是芝柏多年的看家本领，2008年，芝柏首度将它

Bi-Axial Tourbillon

18K红金，表壳口径45毫米，人手上链GPE0201陀飞轮机芯，72小时动力贮存，防水30米，鳄鱼皮表带连红金折叠扣，限量制作33只。

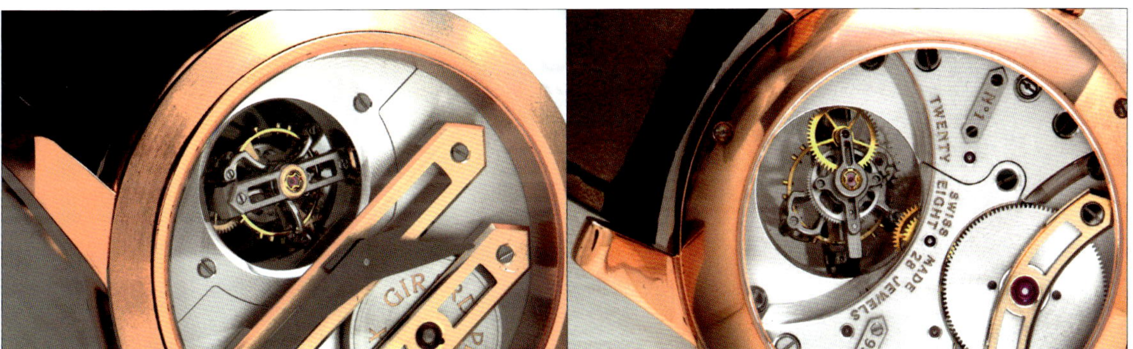

双轴陀飞轮在运转过程中展现不同姿态。

Tourbillon Chronograph with Rattrapante and Foudrayante

18K红金，表壳口径44毫米，人手上链GP9973陀飞轮Foudrayante双秒针分段计时机芯，96小时动力贮存，防水30米，鳄鱼皮表带连折叠扣，限量制作33只 。

与陀飞轮放在一起，成为独一无二的组合。在此表44毫米18K红金表壳的背后，是多项让机芯运行得更完美的原创发明。首先是以两个星柱轮操作的追针系统采用了一个原创的分离装置，当使用者按停追针功能之时，分离器防止当中的摩擦力减弱平衡摆轮的摆幅，做成额外误差。另外，由于雷霆秒计的运行需要庞大能源，它的齿轮系统会自一个特别的发条鼓中支取能量，不会干扰到陀飞轮的正常运行。把这些多元化的功能共冶一炉，芝柏动用了总共507个精雕细琢的组件。单是重0.4克的陀飞轮内便有69个部件之多。4天贮备的人手上链

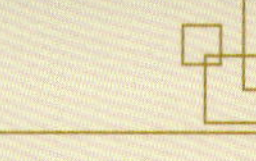

ww.tc – Financial Titanium
钛，表壳口径43毫米，自动上链GP033C0世界时间计时机芯，46小时动力贮存，世界四大股票市场交易时间显示，防水30米，鳄鱼皮表带连折叠扣。

ww.tc Enamel —Chinese Dragon
18K红金，表壳口径41毫米，雕刻珐琅表面，自动上链GP330G0世界时间机芯， 46小时动力贮存，防水30米，鳄鱼皮表带连折叠扣。

GP 9973表芯共有43钻，摆频每小时21600次。除上述功能外，计时器可量度达12小时的时段及设有指针式日期。18K红金折扣配短吻鳄真皮表带。

ww.tc世界时间表，让芝柏表发挥无限创意，不论是功能或设计都新点子不断。首先，ww.tc Financial添加了全身帅气的Titanium成员。身轻但坚固的43毫米钛金属表壳，不反光的灰色主调冷峻果敢，跟那些西装笔挺的银行家和财经专业最是合度。它的自动机芯除了提供达12小时的累计计时功能外，还有日期及世界时间功能。设计师更巧妙地把同步时针的24小时内圈与印有24个代表不同时区城市，包括四大金融中心：香港、曼谷、伦敦、纽约的外圈配对，当内圈上的红色箭嘴（设定在早上9时位置）与某一个金融中心成一直线时，便是它的开市时间。

虽然很多女士都一样热衷股票市场，但毕竟购物商场对她们有更大的吸引力。ww.tc 24 Hour Shopping正是针对女性而设的机械时计。它的精钢表身是较为娇小的41毫米。外圈上精镶了重1.95克拉的54颗美钻。珠贝表面上，除了浮凸醒目的3、6、12及9时位的小秒针外，浑圆美钻承担了时标的职责。4至5时之间的流星尾巴高调地提示贮备。日夜显示内圈晦明二分，灰调子的部分便是入夜时分。外圈上，聪明的女士懒管它什么24时区，最重要的是在哪些地方可以搜猎得心头所好，所以只有那些购物天堂地点诸如东京银座、迪拜、新加坡乌节路等才有幸在时区盘上现身。15颗重0.18克拉的亮丽钻石相伴购物天堂。除此两项，芝柏还为华人市场特制了雕刻珐琅表面的ww.tc Enamel — Chinese Dragon，配41毫米18K红金表壳，定价约40万港元。

优雅的Vintage 1945方形腕表，加入偏心时分针的新设计，以象牙色的大明火烧珐琅作表面，更给人傲世不群的高雅感觉。指针式小日历盘寄身于上偏时分盘的4、5时位置。长方形表面的左右下角分别放上了小秒针盘及贮备显示。在Vintage 1945的表面上没有半点拖沓缠绕，5根蓝钢指针也各司其职，显示时间、日期或贮备读数。18K白金表身长37毫米、宽36毫米，配同质折扣及鳄鱼皮表带，另备18K红金款式以供选择。身材更

ww.tc 24 Hour Shopping
不锈钢，表壳口径41毫米，表壳镶嵌共重1.95克拉的54颗钻石，表面镶钻，自动上链GP033G0世界时间机芯，46小时动力贮存，防水30米，鳄鱼皮表带连折叠扣。

Vintage 1945 Square Perpetual Calendar
18K红金，表壳口径34.2毫米 x 32毫米，自动上链GP0033Q0万年历月相机芯，46小时动力贮存，防水30米，鳄鱼皮表带连折叠扣，另有18K白金款式。

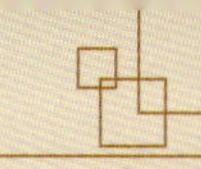

Vintage 1945 Off-Centre Hour & Minute

18K白金，表壳口径36毫米 x 37毫米，大明火珐琅表面，自动上链GP01900机芯，46小时动力贮存，防水30米，鳄鱼皮表带连折叠扣，另有18K红金款式。

端正的Vintage 1945 Square，这一年以万年历的新面貌幸会表迷。微拱的素白表面与内陷的日、月、星期、月相窗框营造出层次分明的景深。芝柏也在它的GP0033Q自动机芯上第一次用上了自创的Microvar无卡度摆轮。这个6螺丝的系统配合2颗格赛路德调整砝码，分别调校摆轮平衡及速率，是一个让腕表运行得更稳定精确的设计。

资料查询

FJ Benjamin (HK) Ltd.

香港北角英皇道510号港运大厦2308室
电话：(852) 2506 2666
传真：(852) 2506 3573
网址：www.girard-perregaux.com

A.LANGE & SÖHNE
GLASHÜTTE I/SA

朗格

说起来或者会令人觉得难以置信，但陀飞轮问世逾200年，竟还没有一枚在拉出表冠后可以把陀飞轮弄停的，这个技术缺口，最后还是被来自德国的朗格攻破。

曾经有独立厂牌试图在陀飞轮机芯上加上停秒功能，但表冠拉出后，机芯内的一个小元件压到陀飞轮的框架上，摆轮会再运转一会儿，待动能耗尽才缓缓停下，不会立即刹停。把表冠按回原位，陀飞轮不能即时启动，甚至要轻轻摇晃表身才能再走。朗格的巧匠早便知道上述这种刹停陀飞轮的办法最为简单，但却是个半吊子的做法，仍是不能立时停秒，搞不好整个陀飞轮系统还会弄成半死不活。

Cabaret Tourbillon原创的陀飞轮机芯使用了V形的龙须弹簧作制停杆，当使用者把表冠拉出，龙须弹簧前端的弧便直接压向平衡摆轮的螺丝上，使系统即时停顿。大家都知道旋转的陀飞轮框架有三根支撑，V形龙须弹簧要成双成对的原因是纵然其中一根须被支撑架挡住了，另一根龙须仍可压停摆轮。要做成这种漂亮且万无一失的刹制效果是不能靠侥幸的。在朗格的工作坊内，表匠们经过反复试验才决定弹簧末端的弧度，以期无论从任何角度向摆轮“出招”，都可以达成最好的触压，马上搞定摆轮。流线型弯曲的弹簧末端还有一个很实际的功效，就是不管在刹停或启动的过程中都不会因意外而卡死，确保了陀飞轮系统在调校时间的前与后都运作顺畅。

Cabaret Tourbillon也是朗格第一只长方形机芯的陀飞轮表。全新L042.1人手上链机芯，配备了双发条鼓，源源不绝地以并联方式提供稳定的5天动力，并且透过4时位置的小盘提示能量多寡。在8时位置，跟储备显示在同一水平的是恒动小秒针。12小时下的金色双窗框架内是朗格取材德累斯顿大歌剧院楼顶大钟的招牌大日

Carbaret Tourbillon

铂金或18K红金，表壳口径29.5毫米 x 39.2毫米，人手上链L042.1大日历陀飞轮机芯， 5日动力贮存，停秒装置，鳄鱼皮表带连铂金或红金表扣 。

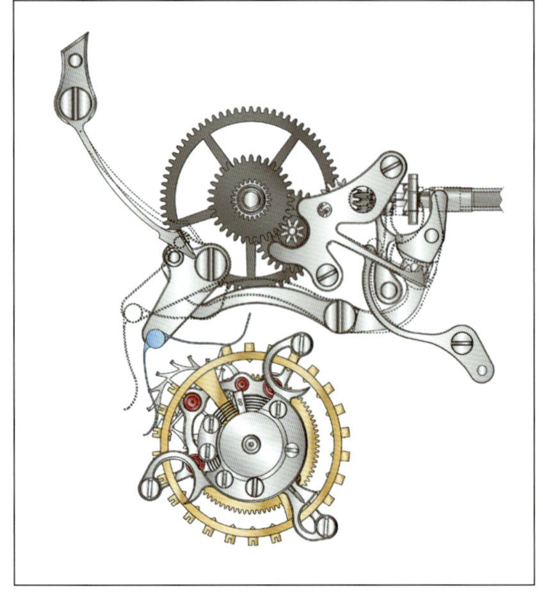

Cabaret Tourbillon的长方形L042.1机芯，备有史上首个陀飞轮制停装置。

历窗。在6时位置支撑陀飞轮的钢桥呈拱弧之姿，它四个倾斜的折面上，都做了难度很高的镜面打磨。Cabaret陀飞轮素雅的表面由925实银炼制，红金或白金的指针及时标为它更添几分奢华。

47钻（其中两颗为钻石的轴眼盖）的L042.1机芯总计有373个部件，其中84个使用在陀飞轮装置上。振频为每小时21600次，游丝与摆轮均为朗格自制。底板及桥件使用未经加工的德国银制作，斜刻的格拉苏蒂条纹修饰把传统四分之三夹板润饰得十分可人，以人手铭刻的鹧鸪螺纹中介轮及陀飞轮鸡头更是美不胜收。透视表底下的9个金套石眼中，其中8个以抢眼的蓝钢螺丝固定。这些黄金套筒如今使用了24K纯金制成，让金的柔顺特性发挥更好的承托效果。陀飞轮鸡头上下的轴眼盖更不是以人造红宝而是以天然美钻充任，符合了德国传统顶级时计的超高水平。尺码为29.5毫米 x 39.2毫米 x 10.25毫米的表壳备有950铂金或18K红金两种选择，配合柔软舒顺的鳄鱼皮表带及同金属折叠式表扣。

继Saxonia后，朗格也为开山之作Lange 1加大尺码，成为开宗明义，豪迈出众的Grand Lange 1。41.9毫米的表壳，提供18K黄金、18K红金以及950铂金的版本，一下子便满足了不同成色贵金属的爱好者。朗格更安排了香槟色、银色及镀钯的三种时令颜色实银表面，配合跟表身同色系的实金指针及浮凸时标。

Grand Lange 1采用的人手上链机芯，依旧是经典的L902.1。德国银精炼铸制的基板及桥件，由两个发条鼓提供足3天的动力，另备有动力贮存提示及专利的特大日期。表芯虽保留Lange 1所用的原大，但出奇的是宽广了的表面却没有一点空虚与松弛，指针、刻度、日历仍是严紧有度安于本位。毕竟是骨肉相连的设计，Grand Lange 1处处显露出跟

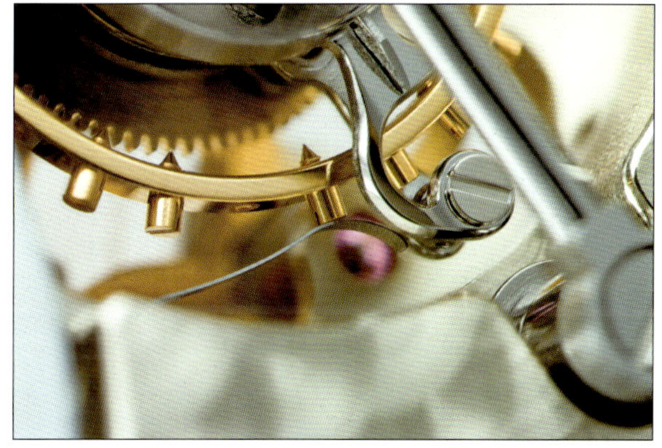

L042.1机芯在高倍数放大下呈现的精致打磨。

Lange 1同样傲世不群的贵胄气派。

Little Lange 1 Soiree及Cabaret Soiree让我们洞悉朗格这日耳曼男子汉也有柔情似水的一面。2008年，Little Lange 1 Soiree两位动人的新成员，更温婉、更俏丽、更善变多彩。娇小的表壳，直径36.1毫米，由18K白金精制。有别于往年，除表框外，表耳今次也披戴了Top Wesselton VVS级数的华丽钻石，合重1.1克拉。玉洁冰清的珠贝表面下是实金铸成的基座。63颗圆钻，净重0.23克拉，为异位的时分盘及小秒针盘披上华衣一袭。时间本来就像钻石一样永恒珍贵，让它们紧密契合，以欣赏首饰的欢快心情阅读时间，时时刻刻都是快乐时光。表身表面有这样的娇容美貌，穿戴岂能掉以

Grand Lange 1

铂金、18K红金或黄金，表壳口径41.9毫米，人手上链L902.1大日历机芯，72小时动力贮存，鳄鱼皮表带连铂金或18K金表扣。

轻心。如果鳄鱼皮从来只是让你有神色凝重的老诚感觉，你会惊讶于朗格为它抹上有如金属光泽的银色，不单跟整只表奇彩变幻的特性完全吻合，还有一份让人神往的青春魅力。若要更前卫出众的话，朗格另外准备了水绿色的魔鬼鱼皮表带，让珠贝再一次回到它原本水生环境的基调色泽中：表面、表带和谐地丝丝入扣。Little Lange 1 Soiree身段虽较小，但它内里的珍贵机芯却跟Lange 1或Grand Lange 1并无二致。

Little Lange 1 Soiree

18K白金，表壳口径36.1毫米，表壳镶有72颗共重1.1克拉的钻石，表面镶钻，人手上链L901.4大日历机芯，72小时动力贮存，魔鬼鱼或鳄鱼皮表带连白金表扣。

配上链带的Datograph大日历飞返计时表。

资料查询

历峰亚太有限公司

香港中环康乐广场1号怡和大厦6楼
电话：(852) 2532 7628
传真：(852) 2810 0873
网址：www.alange-soehne.com

AP
AUDEMARS PIGUET
Le maître de l'horlogerie depuis 1875
愛彼錶

爱彼表

爱彼的大胆创新，在这几年为品牌带来了丰硕的成果。作为高端的传统制表品牌，爱彼往往敢他人所不敢，将不少独特的新主意放到多枚概念表上。品牌的皇牌系列皇家橡树，就继2002年后再一次推出了概念表。此Royal Oak Carbon Concept，由爱彼麾下的高复杂及创新制表科技重镇APRP开发，在功能上可以说是2002年作品的延伸，但在外形上却与两只前作有着明显分别。它的人手上链Cal 2895机芯，由384件零件组成，包括34钻，双发条鼓提供237小时长动力，摆频每小时21600次。在12时位是动力贮存显示，6时位有表冠位置显示，其中N表示表冠处于旋紧状态，R表示上链位置，H则表示调校时间位置。至于左右两侧则各有一垂直长桥平衡视觉，9时位跟之前一样是陀飞轮，3时位则是崭新的直线30分钟累计显示，它左边是十位数（1及2），右边则是1-9的个位数。启动此表的计时功能后，中轴的计时秒针开始运作，随着时间过去，直线分钟显示的数字旁边的方格，亦逐一由白色转成黑色。

Royal Oak Carbon Concept的八角形表壳口径为44毫米，它的表壳由锻造碳制成，表圈、表冠及计时按钮采用黑陶瓷，表背外环是镀黑PVD的钛，半开放式的表面同样以黑色为主调。除了表壳，机芯的物料选用亦见巧思。其中基板选用碳纤维，中层夹板则用上绿色的阳极去氧化铝，在以黑为主调的布局下显得格外抢眼。此表配人手缝制的鳄鱼皮表带连钛金属折叠扣，透明蓝宝表背，防水100米。

为女士而设的皇家橡树，新的抢眼之作是娇俏的Offshore Ladycat Chronograph。这计时表是与角逐在瑞士日内瓦湖举行的Julius Baer Challenge帆船赛的全女班Ladycat帆船队的合作成果，在橡胶表带、外圈、表冠及计时按钮，以至表面上的数字刻度及指针均用上Ladycat帆船的桃红色。37毫米不锈钢表壳以镜面及拉丝打磨作修饰，外圈上有32颗共

Royal Oak Carbon Concept
锻造碳、陶瓷及镀黑PVD钛，表壳口径44毫米，人手上链Cal 2895陀飞轮直线显示计时动力贮存及表冠位置显示机芯，237小时动力贮存，防水100米，人手缝制鳄鱼皮表带连钛折叠扣。

Cal 2895以碳制基板，阳极去氧化铝制桥板。

重1.25克拉的钻石，搭配自动上链的Cal 2385计时机芯，限量150只。至于称为“粉红人生”的系列，包括密镶钻石的Offshore计时表、表圈镶钻的Lady Royal Oak，及同样密镶钻石的Lady Royal Oak珠宝表。顾名思义，它们一律是红金表壳。37毫米的计时表表壳共有5.9克拉的323颗圆钻，表面另有8颗钻石时标，配自动上链的Cal 2385计时机芯。Lady Royal Oak口径33毫米，八角形表圈有32颗共重0.65克拉的钻石，表冠饰以一颗0.42克拉的球形蓝宝水晶，石英版本配银白色或咖啡色大格花纹表面，以白色或咖啡色橡胶表带连18K红金折叠扣佩戴。自动版本则配Cal 2140机芯，银白色表面及18K红金链带。同样是33毫米的Lady Royal Oak珠宝表，表壳密镶了699颗共重4克拉的圆钻，雕花饰纹的珠贝表面上另有11颗钻石时标，配缎质表带连18K红金镶钻折叠扣，以石英机芯推动。

男装皇家橡树方面，爱彼为中国市场特别设计了Pride of China，搭配了新的自动上链Cal 3123/3909机芯，功能包括大三针、月相、指针式日历及动力贮存显示。黑色或白色表面上，有Royal Oak常用的大方格装饰及阿拉伯数字“8”小时时标，表壳

Ladies' Royal Oak Offshore Ladycat Chronograph
不锈钢，表壳口径37毫米，表壳镶有32颗共重1.25克拉钻石，自动上链Cal 2385计时机芯，40小时动力贮存，防水50米，橡胶表带连折叠扣，限量制作150只 。

Lady Royal Oak Jewellery
18K红金，表壳口径33毫米，表壳镶有699颗共重4克拉钻石，表面镶钻，石英机芯，防水20米，缎质表带连18K红金镶钻折叠扣 。

Ladies' Royal Oak Offshore Chronograph
18K红金，表壳口径37毫米，表壳镶有323颗共重5.9克拉钻石，表面镶钻，自动上链Cal 2385 计时机芯，40小时动力贮存，防水20米，橡胶表带连18K红金镶钻折叠扣 。

Lady Royal Oak

18K红金，表壳口径33毫米，表壳镶有32颗共重0.65克拉钻石，石英或自动上链Cal 2140机芯，防水50米，18K红金表带或橡胶表带连18K红金折叠扣。

及链带以不锈钢及红金制成，表背上有万里长城雕刻，表壳口径39毫米，两种表面限量各250只。

1978年，爱彼推出首枚超薄的自动上链万年历表，它以流畅的线条及典雅外形为人称道。为庆祝此一代佳构面世30周年，品牌推出了限量90只的Jules Audemars万年历表。此表的铂金表壳口径为41.5毫米，搭配美丽的托斯卡尼蓝色表面，上有白金立

Royal Oak Pride of China

18K红金及不锈钢，表壳口径39毫米，自动上链Cal 3123/3909月相动力贮存显示机芯，防水50米，红金及不锈钢链带，备有黑色及白色表面，限量各250只。

Jules Audemars 30th Anniversary Perpetual Calendar

铂金，表壳口径41.5毫米，自动上链Cal 2120/2802万年历月相机芯，40小时动力贮存，防水20米，人手缝制鳄鱼皮表带连铂金折叠扣，限量制作90只。

体条状时标及时分针。四小表盘的布局与1978年的原作相似：12时是月相及闰年，3时位是日历，6时位是月份，9时位则是星期。此表搭配自动上链的Cal 2120/2802，厚度只有4毫米，有38钻，摆频每小时19800次，及40小时动力贮存。

继Jules Audemars及Royal Oak，椭圆形的Millenary今年亦推出搭配爱彼镇山之宝Cal 3120自动机芯的款式。这表名叫Pianoforte，珠贝表面延续偏心的风格，内层是罗马数字小时刻度，外围则以黑白相间长短不一像钢琴琴键的装饰充当分钟指示，配合磨沙白金表壳及黑色鳄鱼皮表带，营造出色的duotone感觉。表壳口径45 毫米 x 40毫米，普通版限量500只而表壳及表面密镶钻石的豪华版则只造250只。同系列的女装表亦大玩black & white色调，39.5 毫米 x 35.5毫米不锈钢表壳，表圈镶嵌66颗共重0.62克拉的钻石，表冠则缀以一颗0.25克拉的球形蓝宝水晶。搭配自动上链Cal 2325机芯，有黑面白字黑表带及白面黑字白表带两个相映成趣的款式。

Millennary Pianoforte
18K白金，表壳口径45毫米 x 40毫米，镶钻版本表壳镶嵌311颗共重2.9克拉钻石，自动上链Cal 3120机芯，60小时动力贮存，防水20米，人手缝制鳄鱼皮表带连18K白金折叠扣，限量制作500只及250只（镶钻版本）。

Millennary Black & White
不锈钢，表壳口径39.5毫米 x 35.5毫米，表壳镶钻，自动上链Cal 2325机芯，40小时动力贮存，防水20米，鳄鱼皮表带连不锈钢折叠扣。

资料查询

爱彼（香港）有限公司

香港湾仔轩尼诗道314-324号W Square 19楼
电话：(852) 2732 9138
传真：(852) 2369 5483

爱彼时计（上海）贸易有限公司

上海市南京西路388号仙乐斯广场2101室
电话：(021) 6334 5050
传真：(021) 6334 5950

网址：www.audemarspiguet.com

CHANEL

香奈儿

以前人们认识Chanel，也许因为香水，也许因为时装，但2000年J12一出场，人们开始从腕表着手认识它。Chanel将腕表推上潮流的最前线，在巴塞尔大展，Chanel愈发意气风发，指点奢华江山，成为照亮人们眼眶的一道亮丽风景。

Chanel将陶瓷变成奢侈品殿堂的座上宾，与当年爱彼精心打造不锈钢的皇家橡树异曲同工。今年二者强强联手，得其精品机芯Cal 3120，打造非同凡响的J12 Calibre 3125。时尚的42毫米陶瓷与黄金表壳，浓墨重彩的厚金边捆着单向旋转的表圈。圈上有同材质的刻度数字，与表面上的阿拉伯数字时标及大三针互相辉映。中心有一路轨式分针刻度，外圈亦是一抹金黄，且在4与5时位元之间断开显示一日历视窗。底盖中央是可透视蓝宝水晶，可见机芯上镀铑的22K金双向自动摆陀套上闪亮的陶瓷物料，通过无须耗油润滑的陶瓷滚珠轴承，为经Chanel修改润饰后命名为Cal 3125的机芯提供60小时源源动力。重新设计的摆轮桥板，将J12的时尚大方完全发挥。表带部分专利的黄金三折扣，又体现出虽身为时尚品牌的Chanel，在钟表制作中亦极具人本精神与专业素质。

若说J12 Chronograph Joaillerie是当今表坛最妩媚的计时表之一，当不会有人愤愤不平。41毫米白金底子上，外圈是大颗方形红宝石，内里是大颗钻石时标及碎钻背景。小三针、12小时及30分计时三个等大小表盘分别位于3、6及9时位，而12时位下碎钻背景内是黑色Chanel品牌名。而于黑色表面上游走的银色细长方形时分针与黑色陶瓷链带，带来明朗的现代气息。另有红金表壳，分别是白色表面配粉红宝石及碎钻，黑色表面或白色表面配钻石，各限量100只。

J12 Haute Joaillerie 是Chanel

J12 Calibre 3125

18K黄金及陶瓷，表壳口径42毫米，自动上链3125机芯，60小时动力贮存，防水50米，陶瓷链带。

J12 Chronograph Joaillerie

18K红金或白金，表壳口径41毫卜山米，表壳镶嵌36颗长方形钻石（共重5克拉）、粉色晶石（共重6.5克拉）或红宝石（共重7克拉），表面镶嵌273颗钻石，自动上链计时机芯，限量制作各100只。

为纪念在巴黎地标Place Vendome 18号旗舰店装修后重新开张而设计的全球限量12只经典之作。一颗颗切割完美的长方形美钻，总重量达43克拉，名副其实的光芒万丈。42毫米的白金表壳，表面的陶瓷中心外是一圈又一圈闪耀的钻石光环。J12 Tourbillon Joaillerie，38毫米的白金表壳陪衬独立出众的白色陶瓷表面及链带。外圈46颗重达4.5克拉的珍贵钻石构出灵动的基调，位于5至7时位的陀飞轮则无疑是点睛之笔，上有黑色游走秒针，随着陀飞轮精准旋转构成生趣盎然的小三针。表面上是黑色醒目的阿拉伯数字时标，每个数字顶上还有与夜光指标相对的夜光刻度以便佩戴者在黑暗环境中阅读，而数字里是路轨式分针刻度圈。圈内，12时位下是夺目的品牌与系列名，仿若品质保证的标记。另有黑色陶瓷款可供选择，全球限量各12枚，人手上链

J12 Haute Joaillerie

18K白金，表壳口径42毫米，表壳及表面镶嵌211颗长方形钻石，自动上链机芯，18K白金链带镶嵌共重30克拉的502颗钻石，限量制作12只，另有38及33毫米口径款式。

J12 Tourbillon Joaillerie

陶瓷及18K白金，表壳口径38毫米，表壳镶嵌46颗共重4.5克拉的长方形钻石，表冠镶钻，人手上链CHANEL 0.5-T.1陀飞轮机芯，100小时动力贮存，陶瓷链带，白色或黑色陶瓷款式限量各12只。

机芯均具备100小时的动力贮存。

2007年推出的J12 GMT，甫一出现就好评如潮。全新的J12 GMT Blanche粉墨登场：白表面配银表圈，清新逼人。最外圈是24小时刻度，红色箭头指标指示出发地时间。表面则展示着当地时间，最内部有一传统路轨式分钟圈，于4、5时位间立有小巧的日历窗口。同时配有夜光刻度，清晰又不抢镜。上下都是防反光蓝水晶镜面，防水深度可达100米。需要经常往返两地的人们又有上佳的选择了。

在华丽的世界里看惯了钻石的闪耀后，绿宝石的深邃显得格外引人入胜。J12 Emerald Indexes 是38毫米的不锈钢表壳，沿袭该系列的花边外圈装饰，双层时间刻度，陶瓷元素的应用亦极到位。但分外特别的是，在几乎纯黑的背景上，用12颗绿宝石表示着时刻。初看青翠欲滴惹人怜爱，细看却是无尽的韵味。日期显示窗布置于外圈刻度的4与5时位之间，而内圈刻度的6时位元则标记出这是一款自动机芯的腕表。向来桃红柳绿相映成趣，有了这一款绿宝石，自然有一款红宝石同时推出，不过后者是更加小巧别致的33毫米尺寸。

至于石英机芯的J12，38毫米的不锈钢表壳，纯白的表面与陶瓷

J12 GMT Blanche
陶瓷，表壳口径42毫米，自动上链GMT机芯，42小时动力贮存，防水100米，陶瓷链带。

J12 Emerald Indexes
不锈钢，表壳口径38毫米，表面镶嵌12颗绿宝石，自动上链机芯，陶瓷链带，另备33毫米红宝石款式供选择。

J12 38mm, Quartz Movement

18K红金或不锈钢，表壳口径38毫米，表面镶钻，石英机芯，陶瓷链带，另备33毫米 口径款式供选择。

表链，最外圈是呈花朵形状的弧形齿边。11颗美钻表达着小时刻度，唯有6时位元是日历显示。银色时分针烘托整个画面的大方典雅，宛若一位白领丽人风姿绰约。另有不锈钢表壳纯黑镶钻表面及黑陶瓷链带款及红金表壳白色镶钻表面及白色陶瓷链带款，后者还有33毫米尺寸可供选择。

资料查询

香港专卖店

香港中环太子大厦
电话：(852) 2869 4898
传真：(852) 2525 8986
网址：www.chanel.com

JAEGER-LECOULTRE

積家

积 家

2008年，积家表庆祝建厂175周年。在芸芸瑞士高级制表品牌中，积家一直以超凡的开发能力著称。在品牌的私人博物馆里，陈列了数百只历年自主研发的机芯。相比起一些只造了三两个机芯便自吹自擂的同行，积家却不为故有成就沾沾自喜，反而努力不懈，在这几年带来一只又一只的创新杰作。

球体陀飞轮Gyrotourbillon于2004年面世，第二代的Reverso Gyrotourbillon绝对青于蓝。长方的陀飞轮表总会比圆的美，而在Reverso加球体运转的情况下，其美更得彰显。纵使没有了万年历，没有了等式时间差指示，它还是比上一代的球体陀飞轮更令人心动。

Reverso Gyrotourbillon II是开放式表面指示。在正方，可以欣赏机芯主要部件的起转承合。它的上方有时分秒针，左旁是24小时日夜指示。下方有互成90°摆放的两个旋转陀飞轮框架，构成曼妙的球体旋转。它比第一代球体陀飞轮有了更好的改良，铝质的外框架依然每分钟转一圈，但内框架加快到每18.75秒转一圈，比上一代的快5.25秒。另外一个改良是使用了筒状游丝，这种游丝一向只在最高级的袋式天文台表或航海船钟上使用，在手表上极其罕见。这种游丝被公认为有最好的准确度及等时性，但在普通厚度的手表上是无法应用的。球体陀飞轮不求薄，用最顶级的游丝自是顺理成章！

它的背面，同样可看到与前方相同的美景，这是传统的陀飞轮表无法企及的。机芯背面还有50小时的动力贮存指示，提醒用家及时上链。在技术上说，快速的摆轮也令动力快速消耗，Reverso Gyrotourbillon II振频每小时28800次，陀飞轮有两框架，而内框架又走得很快，能走50小时已经很难得。能达到这一点，主要原因是使用了宝石水晶做的发条鼓，有效地减低了由磨损产生的无谓动力消

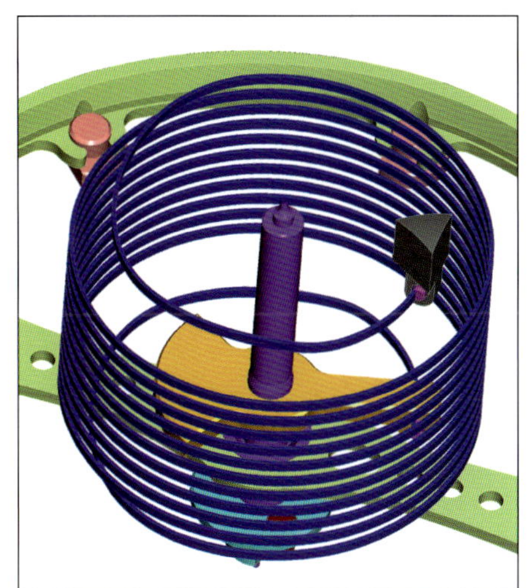

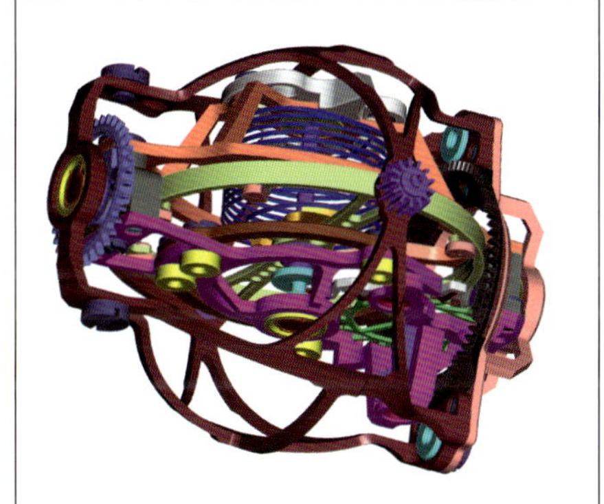

Reverso Gyrotourbillon II

铂金，表壳口径36毫米x 55毫米，人手上链Cal 174球体陀飞轮机芯，50小时动力贮存，筒形游丝，防水30米，鳄鱼皮表带连白金折叠扣，限量制作75只 。

Collection 1833- Master Minute Repeater

18K红金，表壳口径44毫米，人手上链Cal 947三问机芯，15日动力贮存，防水50米，鳄鱼皮表带连红金折叠扣，限量制作175只。

Collection 1833- Master Grand Tourbillon

18K红金，表壳口径43毫米，自动上链Cal 978陀飞轮机芯，48小时动力贮存，防水50米，鳄鱼皮表带连红金折叠扣，限量制作575只。

耗。这款表用铂金做壳，限量75只。

2008年是积家创办的175周年，SIHH展出的四款限量纪念表，绝对看头十足。四只表都是红金的表壳，配巧克力色的表面。比较早的编号，会以套装形式出售。第一只自然是Antoine LeCoultre水晶三问表，口径为44毫米。由于强调镂通，此表的15天动力贮存与扭矩指示均开放，我们在左右两边看到的是刻度弧环。为有更佳的镂通效果，它的条形指针也是空心的。积家的商标印在宝石玻璃上，斜放的时标，一层一层的部件，构成了优美的三维立体感。拉下左侧的三问杆，就会看到报时专用的发条马上收紧。放手后发条张开，令governor快速旋转，启动相关的打簧机械，牵动两个样子有点像高尔夫球杆的锤打簧报时。这两个锤并排叠放，与以过往的一左一右方式不同，看得出这947机芯的独创性。6时刻度右边印有“1833”字样的抛光小簧条，是积家的重要发明。我们都知道，打簧锤的力道与落点，决定了报时的音量和音质。但其实也很重要的是，音簧并不发声，它只能振动，使鸣响在密封的空间产生。然而，取决于表壳物料的性质，鸣响往往并不能全部地传释出去。积家发现，音波传输比钢更快的物料只有石英、蓝宝石、铍及钻石等晶体。于是，制表师别出心裁，在环形音簧的末端焊上一个靴，而这个靴还直接连到正前方的宝石玻璃透镜上。因此，音簧的振动，得以传到前面，激励宝石晶片发出鸣响，使报时声接近无流失地传送出来。此表的限量，乃175只。

第二只，是8日链的万年历镂通表。此表以普通形式出现时，我已经有意欲拥有。但在1833型号上，美感是更为突出的。它的前方与后方，都有纵横交错的骨骼网，使机芯运转与各种指示都非常清楚，甚至纠正了较为杂乱的布局。它以水晶旋转碟片指示各种历学数据，底下的白色金属片将它衬托得更清楚。与去年的铂金款式相同，它用了41.5毫米的表壳，配人手上链876Q机芯。从背面以摆轮为中心的经纬网络，能领略这机芯的上佳品质。它的限量，也是175只。

另外两款表的制作限量较大，达575枚。它们分别是驰誉已久的43毫米Master Grand Tourbillon自动表和38毫米的Master Ultra Thin人手上链两针表，已在市场上有良好销售成绩。它们的特别之处，除了红金表壳与巧克力色表面的组合外，还在品牌商标底下印有“1833”的字样。

将陶瓷用在最顶级的表上，显示了积家的胆量和魄力。与英国著名车厂Aston Martin合作的AMVOX3陀飞轮，是陶瓷配红金的巧妙组合。表的上身是亚黑陶瓷，透明底盖的圈为

Collection 1833- Master Ultra Thin
18K红金，表壳口径38毫米，人手上链Cal 849机芯，35小时动力贮存，防水50米，鳄鱼皮表带连红金折叠扣或表扣，限量制作575只。

Collection 1833- Master Eight Days Perpetual SQ
18K红金，表壳口径41.5毫米，人手上链Cal 876镂通万年历月相机芯，8日动力贮存，防水50米，鳄鱼皮表带连红金折叠扣，限量制作175只。

AMVOX3 Tourbillon GMT

18K红金及陶瓷，表壳口径44毫米，自动上链Cal 988陀飞轮GMT机芯，48小时动力贮存，防水50米，真皮表带连红金折叠扣，限量制作300只。

红金。它是一款两地时间自动表，带着方格网格的表面，中轴有两个时区的时针。陀飞轮装置上有红金的特宽横式上摆夹，与黄金的本地时分针相映成趣。它的日期，用凹了口的红箭头指针指示，为与Master Tourbillon一样的跳远式。指示从陀飞轮左边开始，到右边31日后会“大步跳”至左边重新开始。28日后的数字为棕色，提醒用者及时调校。35钻的988机芯，自动陀的边缘为铂，增加了上链惯性。它限量制作300只。

Memovox Polaris是积家1960年代的著名闹表，近年在拍卖场水涨船高。品牌在SIHH推出Memovox的复刻表款，令不少人喜出望外。这次的复刻，有两个版本，都得以忠实维持原作。能达到这一点，主要是积家有出色的956自动机芯。此机芯由268个零件制成，自动陀上有无须润滑油的陶瓷滚珠轴承，有45个小时的动力贮存。它的响闹装置包括了悬挂在底盖上的簧条，此设计不需要再由多一个内罩作共鸣室，于是表背曲三层减少至两层。此表的内壳，有密封用途，同时产生共鸣效果。外背有16个圆孔，既有传声效果，也顾及到原作的美学外观。外壳的中央，刻有Compressor原型上的潜水头盔图案。表壳右侧有三枚表冠，分别控制响闹、转动内圈与时间功能。和原作一样，它有200米的防水能力。

两个版本各有不同味道。1965年的Memovox Polaris，做成铂金表，只做165只。它是黑色的表面，上有细条夹阿拉伯数字时标，配三角箭头时针和尖剑分针。1968年的同名型号，则做了不锈钢表，限量768只。它配夺目的荧光指针，上有加大的阿拉伯数字加梯形时标。据说，后者在SIHH的头两天已经售罄。

以温度变化为机芯贮备动力的Atmos空气钟，自1928年推出至今已历80多个寒暑。一系列的纪念创作中，包括以Gustav Klimt油画为蓝本做成的Atmos Marqueterie。它的开合前屏是用1200块木片拼成的Klimt油画《艾蒂儿》，用类似B&O音响器

Memovox Tribute to Polaris
铂金或不锈钢，表壳口径42毫米，自动上链Cal 956响闹机芯，45小时动力贮存，防水200米，真皮表带连铂金或不锈钢表扣，限量制作铂金165只不锈钢768只。

Atmos Marqueterie
尺寸321 毫米 x 257 毫米 x 171毫米，钟身外层由1200块木片组成，钟面镶黄晶石及木质化石，趋近恒动Cal 582月相机芯，限量制作10台 。

材的感应开关操作，手一接近就“芝麻开门”。此钟为规范指针式设计，珠贝钟面上有古代木化石作时标。它的限量，共为10个。

命名为Atmos Astronomique的天文钟，除了显示时间，还有等式时间差以及北半球可以看到的星空图。镀铑的钟架，以玻璃屏刻出数学家暨地理学家Andreas Cellarius在1660年绘制的册子《Harmonia Macrocosmica》的星座拟像图。它配备有309个零件的566机芯，尺码是465 毫米 x 252 毫米 x 130毫米。

第三个，够前卫，它是著名工业设计师Marc Newson的作品。以空气钟迷的身份，他想出了别出心裁的创新设计。此钟命名为Atmos 561，设计灵感来自灯泡。它的外壳，乃法国水晶大家Baccarat的制作，线条流畅清澈度高，完美地表现了空气钟的运转特色。此钟有精准的月份和月相指示，限量生产888台。

Atmos Astronomique

尺寸465 毫米 x 252 毫米 x 130毫米，趋近恒动Cal 566等式时间差北半球星空图机芯 。

由著名工业设计师Marc Newson设计的Atmos 561，钟身由Baccarat制作，限量制作888台 。

资料查询

历峰亚太有限公司

香港中环康乐广场1号怡和大厦1109室
电话: (852) 2532 7668
传真: (852) 2868 2256
网址: www.mjlc.com

ROGER DUBUIS

豪爵表

一向以时尚设计配合优质自主研发机芯闻名于世的豪爵表，在2008年日内瓦表展为其新一代正方形腕表系列揭开序幕。名为KingSquare，是品牌对方形腕表美学的崭新演绎，同时有40毫米的男装表及36毫米的女装表。最突出的，是表面及表背的三切面设计，不单形象特别，亦令腕表更贴近手腕。在三切面玻璃下，表面更呈现令人目眩的视觉效果。

不论是男女装，KingSquare的点题之作，都是配镀黑色镂通机芯的陀飞轮表。这几年表坛“黑气”十足，从表壳、表面及表带一身是黑的腕表比比皆是，但豪爵一向是潮流的带领者而非跟从者，此番在镂通机芯用上黑色，又是另一令人意想不到的创意之举。男装版的RD02 SQ4人手上链机芯，以品牌之前的RD02 SQ为基础，但将尺寸稍为缩小并在外观上作大幅改动，带来焕然一新的通透感及前卫建筑美。这机芯的口径为32.2毫米，由162件零件构成，有19钻，摆频每小时21600次，60小时动力贮存。雕琢得像建筑物支架的机芯横桥，被饰以圆珠纹及镀上黑色的铑，左上角的“KS”一面向发条鼓伸展，另一方面联系7时位的浮动陀飞轮框架。从陀飞轮向表面的右下角出发，组成“02”字样，别出心裁地点出系列及机芯名称。此表以钛金属造表壳，配黑色橡胶表带，表冠、表背及表侧同样有橡胶覆盖。限量88只。

同样限量88只的还有此机芯被称为RD02 SQ3的圆形变奏。口径达16法分，其他技术规格与RD02 SQ4基本相同。然主题换成了两颗大星星，一颗从上下包围发条鼓，另一颗则在陀飞轮背后作其坚强后盾。此表搭配48毫米的Easydiver表壳，同样以钛金属制成，配黑色橡胶表带，表冠及

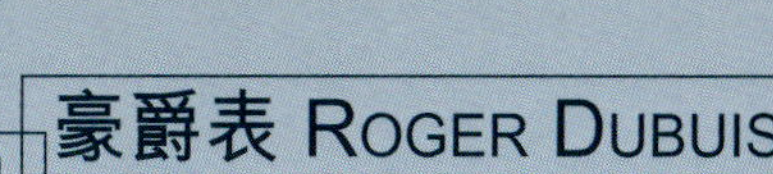

KingSquare Skeleton Tourbillon
钛及橡胶，表壳口径40毫米，人手上链RD02 SQ4镂通陀飞轮机芯，60小时动力贮存，橡胶表带连折叠扣，限量制作88只 。

Easydiver Skeleton Tourbillon
钛及橡胶，表壳口径48毫米，人手上链RD02 SQ3镂通陀飞轮机芯，60小时动力贮存，橡胶表带，限量制作88只 。

表壳多处亦饰以灰橡胶。除了精巧工艺及复杂技术，更散发动感活力。

男装前卫，女装的KingSquare镂通陀飞轮表亦不逊色。RD09 SQ机芯同样拥有型格十足的镀银及黑铑支架，但它的焦点，却落在两颗对角排列、分踞机芯表面及底下的心形红宝石。豪爵的女表一向爱以红心为主题，只是此次做得最为彻底，将“心”放在机芯上。此人手上链机芯口径31毫米，包含19钻在内的146件零件，振频每小时21600次，50小时动力贮存。除了红宝石，浮动陀飞轮框架以及机芯支架同样以多个大小不同的心形组成。陀飞轮上的邱比特之箭，其实是弯曲的蓝钢小秒针。此表有红金及白金款式，表圈、表冠及表耳镶钻，以橡胶表带或缎质表带佩戴，限量28枚。

日用表方面，KingSquare的男装表是红金表壳小三针的设计。黑色或白色表面上，有立体的金罗马小时数字及条状相间时标，外围的分钟刻度圈缀以红色的石榴石，小三针盘与包围着品牌商标的正方形层层相扣，与表壳线条互相辉映，点出系列的创作主题。此表以自动上链机芯推动，

KingSquare Ladies Skeleton Tourbillon

18K红金或白金，表壳口径36毫米，表壳镶钻，人手上链RD09 SQ镂通陀飞轮机芯，50小时动力贮存，橡胶或缎质表带连折叠扣，限量制作28只。

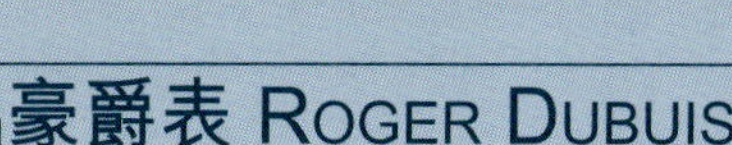

配红金表壳的KingSquare自动表，女装表（左）表壳口径36毫米，男装表（右）40毫米。

配橡胶表带。至于两针的女装款式，同样搭配自动上链机芯。表面的底部有暗花装饰，中央部分缀以圆点图案，小时刻度由八颗半圆形珍珠及12、3、6及9时的珠贝及红或白金的罗马数字构成，倾斜外圈上还有另一层石榴石的刻度。此表另有镶钻版本供选择。

资料查询

香港专卖店

香港金钟道88号太古广场3楼330号店
电话：(852) 2918 9368
传真：(852) 2918 0368
网址：www.rogerdubuis.com

爱马仕

通过与伙伴Vaucher合作，爱马仕在2008年的巴塞尔大展披露了其第一个专用机芯：H1。

爱马仕表系中最有男性魅力的Clipper，成为率先应用这个机芯的幸运儿。 Clipper H1大日历腕表的口径是硕壮的43.5毫米，由316L不锈钢打造，表镜表底都采用了防反光晶石，防水深度达100米。四个表耳以旋入螺丝固定，这复杂的表壳结构也加强了表身的阳刚味。中央大三针设计，秒针是爱马仕专用的深橙色，无论碰上白色或者炭灰的表面都鲜活有力。阿拉伯字夜光时标及指针，大日期示窗正襟危坐在6时之上，大写的“H”商徽以tone-in-tone的含蓄手法若隐若现于表面。Clipper H1“大日历”有Classique及Sports两大分支。前者的表框是冷峻的拉丝打磨，后者配置可作计时的单向旋动外圈。H1机芯直径为25.6毫米，仅厚3.5毫米，完全可以跟之前所有采用H1928机芯的复杂型号相容。它的基板以圆鳞纹打磨，夹板、桥件及自动陀上则紧密地铭刻了“H”的大号。使用无须抹油的陶瓷滚珠轴承单向旋转自动陀，通过双发条鼓结构提供达50小时的动力贮备。大日历模组只有1.5毫米之薄，所以连结后的机芯也仅厚5毫米而已，直径只略为扩大至30.4毫米，原来的28钻保持不变，整体机件数目由基本的193件提升至258件，振频是每小时28800次。爱马仕是皮具大家，Clipper H1当然不愁穿戴，Barenia小牛皮带有黑的也有天然浅咖啡色的，亦可以挑选不反光的黑色或雪茄色短吻鳄鱼皮带以至和表身同质的不锈钢链带。

Clipper还推出了限量24只的18K红金计时表，个别编号直书在6时位的三连式日历上方。小秒针及累计30分钟盘分别设于3时及9时，阿拉伯时标及指针在黑中泛金。32钻的H1928机芯，22K金自动陀也是以陶瓷滚珠为轴承。

Clipper H1 Big Date

不锈钢，表壳口径43.5毫米，自动上链H1大日历机芯，50小时动力贮存，防水100米，鳄鱼皮或小牛皮表带连折叠扣或不锈钢链带。

爱马仕专用的H1机芯。

Grande Hours是另一款采用H1自动机芯并搭配特为爱马仕开发的椭圆齿轮系统，在Cape Cod的37毫米x36.5毫米表身内大开时间玩笑。当物理时间仍然是1分钟60秒、1小时60分钟，Grande Hours用不等份的时标间隔，营造出时而如胶似漆般黏滞不前、时而流水行云般稍纵即逝的心理时间，直把韶华玩弄于股掌之上。不锈钢炼制的表身，黑色或银色表面，各备有6个不对称的时标组合供选择。另有18K红金及18K白金版本，各自限量171只，配合啡铜色或银色表面及迎合表壳色调的凸体阿拉伯字时标。

孤本制作Arceau Squelette低调地使用大明火烧珐琅技术在黄金线掐丝珐琅时标环上，其余的部位通通彻底镂空。以H1928为基础的H1931机芯，每个零件以18K白金炼造出来。32颗功能宝石中除了其中3颗以外，其余的都以蓝宝石取代，让机芯的整体颜色搭配更显谐和。爱马仕成立于19世纪时是以马具起家的，Arceau（法文中的圈环之意）的基版上也套以一环又一环像是跑马道的图案，上面缀以昔年修筑拱桥常用的铆钉为装饰。至于夹板上类似巴黎小钉的铭刻，灵感来自马鞍毯子。两个镂通的马蹄图案，在22K红金自动陀上呼应出主题。950铂金表身，以

Clipper Chrono

18K红金，表壳口径44毫米，自动上链H1928机芯附加计时模组，50小时动力贮存，22K金摆陀，防水100米，鳄鱼皮表带连红金折叠扣，限量制作24只。

不等份走时的Cape Cod Grande Hours

Arceau Squelette
铂金，表壳口径41毫米，大明火珐琅金表面，自动上链H1931 18K金镂通机芯，55小时动力贮存，22K金摆陀，防水30米，鳄鱼皮表带连铂金表扣，孤本制作。

黑色短吻鳄鱼皮表带衬托。

Cape Cod 1928 Or Baguette和Email Grand Feu同是可遇而不可求的神品。它们都采用H1928这款32钻、50小时贮备的自动机芯。Cape Cod 1928的18K白金表身全然披挂着15克拉长方形切割、由VVS Extra White到Plus Extra White质素的Top Wesselton：149颗美钻颗颗灿烂晶莹。凸体阿拉伯字表面采用珠贝制作，上下里外白璧无瑕。18K红金表壳的Email Grand Feu是品牌印度主题年的另一杰作，大明火烧珐琅表面的花俏图案取材于丝巾作品Indian Dust，只造极矜贵的一只。

Cape Cod 1928 Or Baguette
18K白金，表壳口径36.5毫米 x 37毫米，表壳镶嵌149颗共重15克拉的长方形钻石，自动上链H1928机芯，50小时动力贮存，金摆陀，防水30米，鳄鱼皮表带连折叠扣。

Cape Cod Email Grand Feu
18K红金，表壳口径36毫米 x 37毫米，大明火珐琅表面，自动上链H1928机芯，50小时动力贮存，22K金摆陀，防水30米，鳄鱼皮表带连红金折叠扣，孤本制作。

资料查询

La Montre Hermès Pacific Limited

香港铜锣湾礼顿道华懋礼顿广场22楼
电话：(852) 3650 5333
传真：(852) 2573 8180
网址：www.hermes.com

Glashütte ORIGINAL
格拉苏蒂

精湛手工·德国制造

格 拉 苏 蒂

因政治因素与世隔绝了近半个世纪的格拉苏蒂，自从1990年代重回世界制表版图，10多年间，便把失去了的时间追回来，成为一股同行以至消费者都不能忽视的力量。所谓发财立品，Swatch集团成功令格拉苏蒂重生后，去年更全力支持创建德国钟表博物馆，完整呈现德国制表工业百多年间的发展历程。位于格拉苏蒂镇的博物馆所在之处，是一座古色古香的建筑物。它的前身就是1878年品牌早期的拥有人Moritz Grossmann所创办的德国制表学校。经重建后的大楼除了设立博物馆，还将保留一层予Glashütte Original自有的Alfred Helwig制表学校使用，为了纪念博物馆的落成，品牌从1920年代制表学校内的学生作品摄取灵感，推出1878 Limited Edition限量腕表，将历史与现代制表精神结合。40毫米的表壳配细密条纹表圈，散发典雅的味道，简洁的小三针表面经过称为l' argenture grainée的工序处理，在黄铜上先喷上水、白垩及木砂的混合物质，再以人手将含有银质粉末的膏状物混上水仔细地涂在表面上，令表面呈现纯净迷人的光泽。搭配自动上链的Cal 100-11机芯，附透明蓝宝及刻上Moritz Grossmann的肖像的实金表背各一，红金及白金版限量各130只。

在过去十多年中，格拉苏蒂带来了很多让人眼前一亮的精彩设计，2002年推出的双鹅颈微调，是最具特色的其中一个。功能上，它一端控制游丝的长短决定运行的快慢，另一端操作游丝钉以控制节拍均衡。至于美学上，单一鹅颈微调让不少人醉心，双鹅颈微调更是魅力加倍。自面世以来，双鹅颈微调都是依靠传统的编排放在表背，新的PanoInverse XL突破传统，让双鹅颈微调成为表面上的焦点，要达到这目的，方法就是将机芯的上下排序调转。为了把双鹅颈微调放到表面上，此表的人手上链Cal 66机芯，传动、上链轮系及摆轮制动弹簧等多个零件都必须重新组合甚至重新研发，摆轮固定桥板的位

1878 Limited Edition

18K红金或白金，表壳口径40毫米，表壳厚度11.2毫米，自动上链Cal 100-11机芯，55小时动力贮存，防水50米，鳄鱼皮表带连18K金表扣，限量制作各130只。

PanoInverse XL

18K红金或白金，表壳口径42毫米，人手上链Cal 66机芯，41小时动力贮存，防水30米，鳄鱼皮表带连18K金折叠扣。

置亦要重新安排。从表面及表底的红宝石位置可见，当中涉及的改动绝不简单。为了突出美的效果，此表采用开放式的表面设计，除了右下方的双鹅颈微调，以格拉苏蒂条纹打磨的四分三夹板占据主要部分。左方是黑色刻度圈的偏心时分针及小三针盘，右上角有蓝钢指针的动力贮存显示，其余位置则由蓝钢螺丝以及红宝石轴承点缀。通过透明表背，可见机芯后面有一块密封式的全夹板，上有三颗套

PanoInverse XL将双鹅颈微调放在表面上

在金套筒上、由蓝钢螺丝固定的红宝石。PanoInverse XL有18K红金及白金型号。

以复古设计赢得很多人欢心的Senator Sixties，新加入了计时型号。延续独特的弧形线条及表面，雾面打磨的表面上有1960年代风格的阿拉伯数字6及12、银色的指针及条状刻度，3时位是小三针盘9时位则是30分钟累计表盘。浑圆的计时按钮与表壳线条和谐配合。不锈钢表壳的

Senator Sixties Chrono
不锈钢，表壳口径42毫米，自动上链Cal 39-34计时机芯，40小时动力贮存，防水30米，鳄鱼皮表带。

Senator Navigator Chrono
不锈钢，表壳口径44毫米，自动上链Cal 39-34计时机芯，40小时动力贮存，防水50米，小牛皮表带。

Senator Sixties计时表有银色及黑色表面两个选择，拱形透明表背可见自动上链的Cal 39-34计时机芯。飞行员腕表系列Senator Navigator与Senator Sixties一样带来了自动上链的计时表。同样是两针盘经典布局，亚光黑色表面上3时位是小三针盘，而9时位则是30分钟累计表盘，嵌入夜光物料的剑形蓝钢时分指针，充满1930、1940年代的飞行表风格。44毫米口径的不锈钢表壳以拉丝打磨处理，搭配Cal 39-34机芯，透明蓝宝表背，深咖啡色小牛皮表带。

SpringBlossom

SummerSun

Star Collection – Four Seasons
18K红金、白金或黄金，表壳口径39.4毫米，多个不同表壳及表面镶钻组合，自动上链Cal90-00机芯，42小时动力贮存，Aqualino，鳄鱼皮或缎质表带连镶钻表扣。

AutumnLeaf

WinterDream

女装表方面，Star系列每年都选取不同的主题创作，新的“四季”以不同色彩及宝石，演绎春夏秋冬不同面貌。它们都选用装置双鹅颈微调的Cal 90自动上链机芯，表圈镶嵌64颗钻石。粉红色的SpringBlossom配白金表壳，表面上有樱花图案装饰，偏心表盘以37颗天然粉红钻石以及70颗白钻包围；洋溢暖意的SummerSun是黄金表壳，偏心表盘镶嵌70颗白钻以及74颗金色处理钻石，表面星状的图案绽放光芒，呈现独特风格；红金的AutumnLeaf，偏心表盘镶嵌32颗干邑色调处理钻石，27颗金色处理钻石以及24颗白钻，带出秋日般金棕色的丰富色调；至于冷峻的WinterDream，白金表壳，偏心表盘上镶有18颗蓝色处理钻石以及70颗白钻，冰蓝色表面上描绘出枯树的姿态。针对追求华丽装饰与复杂机械相结合的女士，Star系列还推出了Night Shade陀飞轮表。它是18K白金表壳，表圈镶嵌44颗长方形钻石，映衬黑色实金表面上的122颗钻石，双窗大日历身处钻石彗星图案中央，6时位的浮动陀飞轮则像月球般，挂在星星闪耀的天空中，全表共用上3.2克拉的钻石，搭配Cal 93-1自动上链机芯。

Star Tourbillon – Night Shade
18K白金，表壳口径39.4毫米，表壳及表面共镶嵌2.94克拉钻石，自动上链Cal93陀飞轮机芯，48小时动力贮存，防水30米，魔鬼鱼表带连18K白金镶钻表扣。

资料查询

The Swatch Group (HK) Ltd.

香港北角电器道169号宏利保险中心40楼
电话: (852) 2510 5142
传真: (852) 2887 8432

瑞表国际贸易上海有限公司

上海市钥桥路30号美罗大厦5楼
电话: (021) 2412 5287
网址: www.glashutte-original.com

JEANRICHARD

尚维沙

陀飞轮独特的魅力在腕表展现了多年后，仍然是一个以男性口味为主导的世界。只为女性而设的陀飞轮，尚维沙的大师兄芝柏可以说是先行者，在作招牌的三金桥及Cat’s Eye系列都可找到踪影。如今尚维沙披甲上阵，自然不会是纯粹的萧规曹随，品牌的设计师从女性的角度出发，打造出一只不论外形、功能及细节修饰都彻头彻尾属于女性的陀飞轮。此表的Milady表壳经过重新设计，18K白金口径31.65毫米 x 39.1毫米，由过去的“电视机”变成更为修长的枕形，上下两部分向外弯曲的线条，带出更优雅的气质。外圈及表耳部分镶嵌圆形钻石，令腕表更瑰丽豪华。为了保持表壳的线条美，也因为增加了的表壳长度，为确保不会妨碍佩戴者的活动，表冠从传统的3时位改为设在表耳中间的12时位置。在清雅秀美的白色珠贝表面上，陀飞轮一如表冠般静静地起革命，它从传统的位置改为设在3时位，从上而下跨越表面的横桥两端被造成小花的形状，中央托着悠悠转动的金色框架陀飞轮装置。除了陀飞轮，表面就只有纤幼的时分指针、品牌商标及四颗小巧的方形钻石刻度而已。清简的修饰，反而更加叫人难忘。内里选用的人手上链Sowind 97RJ陀飞轮机芯，口径27.7毫米，有20钻，摆频每小时21600次，满链后可走75小时。配透明蓝宝水晶表背，防水30米，以白色的鳄鱼皮表带连白金的双开蝴蝶扣佩戴。

除了陀飞轮，Bressel Lady的几个不同新设计，也是为女士而特制。它们选用以自产的JR1000为基础的JR1040自动上链机芯，表面采用偏心显示，主时间盘放在上半部，与右下方的日期小盘相连。日期小盘的下方又与动力贮存相连接，后者以一柔化了的“之”字形线条延伸至表面的左下方，与小秒针显示缘牵一线。设计师的无尽创意，带来了玩味十足的视觉效果。

Milady Tourbillon
18K白金，表壳口径31.65毫米 x 39.1 毫米，表壳及表面镶钻，人手上链Sowind 97RJ陀飞轮机芯，75小时动力贮存，防水30米，鳄鱼皮表带连18K白金折叠扣，另有18K红金款式。

Bressel Lady共有三个款式。它们都选用不锈钢表壳，口径38毫米，表圈上镶嵌了58颗共重1.16克拉的美钻，当中两款分别配以细密拉丝太阳纹装饰的黑色或银色表面，偏心时间盘上有3个立体阿拉伯数字及一颗钻石时标。日期、动力贮存及小秒针的特别造型，为腕表平添趣味。至于第三个型号表面改以珠贝为基础，主时间盘用上抢眼的红金色并配上四颗钻石时标。连系小秒针及动力贮存的曲线，改为花样字体的法分字串“Je t' aime, un peu, beaucoup, à la folie”（我爱你，如丝，如缕，如痴如狂），仿佛在时间的流转之间，默默地谱奏出充满浓浓爱意的浪漫组曲。JR1040机芯有29钻，摆频每小时28800次，48小时动力贮存，三个款式都配蜥蜴皮表带连不锈钢折叠扣。

Bressel Homage是特别针对中国市场推出的男装日用腕表，中国人一向对腕表情有独钟，随着购买力不断上升及品位的提高，消费者对腕表的要求亦越来越高，品牌趁此机会，推出这款设计温文儒雅的日用表，相信会令不少人喜出望外。为了配合东方人的身型，此表的口径是中庸的38毫米，浑圆的线条，平阔的表圈，散发经典韵味。表面的设计更是简洁有致。银白色或黑色缎面抛光的表镜，大三针的设计，细腻的条状时标，12时的阿拉伯数字，加上柳叶形时分指针，简简单单但已经够漂亮。日历以红色数字，点出内里采用自产机芯。它正是尚维沙的代表作JR1000自动上链机芯，口径为26.6毫米，有32钻，摆频每小时28800次，48小时动力贮存。此表以红金造壳，有全红金、表面带钻石时标、表圈镶钻及表圈镶钻加钻石小时刻度四个型号。

Bressel Homage

18K红金，表壳口径38毫米，自动上链JR1000机芯，48小时动力贮存，防水30米，鳄鱼皮表带连18K红金表扣，另有表壳及/或表面镶钻款式。

Bressel Lady两个不同色调的型号。

Bressel Lady
不锈钢，表壳口径38毫米，表壳镶有58颗共重1.16克拉钻石，表面镶钻，自动上链JR1040机芯，48小时动力贮存，防水30米，蜥蜴皮表带连不锈钢折叠扣。

资料查询

FJ Benjamin (HK) Ltd.

香港北角英皇道510号港运大厦2308室
电话：(852) 2506 2666
传真：(852) 2506 3573
网址：www.jeanrichard.com

JB 1735

BLANCPAIN

宝珀

宝 珀

在1980年代，拥有超过两个半世纪悠久历史但一度归于沉寂的宝珀，在新的领导班子上台后，展开近代钟表史上其中一场最为人津津乐道的复兴传奇。当中最重要的奠基创作之一，是1989年推出、当时最薄的浮动陀飞轮机芯，除了以8日链开长动力风气之先，它还突破了将近200年的传统，将自宝玑大师发明陀飞轮后一直奉行的与旋转框架同轴的摆轮，改成了偏心式。转眼20年，当市场上的陀飞轮上多得令人眼花缭乱的时候，始作俑的宝珀却再一次展示高瞻远瞩的视野，推出史上首枚卡罗素腕表。

与陀飞轮一样，卡罗素亦是为消除地心引力对机械时计的准确性所产生的不良影响而设计。但由于零件比较多，令机芯更厚，加上旋转速度慢，欠缺陀飞轮一分钟转一圈的动感，所以自1892年由丹麦人Bahne Bonniksen发明以来一直得不到重视。直至2008年，才由宝珀为卡罗素来个“大平反”。

以构造而言，陀飞轮与卡罗素的根本分别，是前者以单一的齿轮组系与发条鼓连接，后者则一分为二：一组齿轮向擒纵装置提供动力，另一组则控制框架的旋转速度。宝珀的卡罗素在遵循这处理方法的同时，更在两方面带来突破，首先，宝珀卡罗素的摆轮与旋转框架同轴，与一般的偏心处理刚好相反；其次，如上述所言，卡罗素的旋转速度较慢，以往都在数分钟到超过一小时不等，但宝珀却通过重新设计差动齿轮系统，达至与陀飞轮一样的一分钟转一圈速度。

宝珀的Cal 225自动上链卡罗素机芯由262件零件组成，直径26.2毫米，厚度仅5.89毫米，装在43.5毫米的铂金表壳内，半镂通的表面上，卡罗素装在12时位，9时是半圆形的日历盘，两端不同长度的指针配合双层刻度显示，6时位则有动力贮存显示。沿用之前万年历表的出色设计，日历以表耳背后下的隐藏小按钮调校。限量288只。

在2007年推出的新一代设计的

Carrousel Volant Une Minute

铂金，表壳口径43.5毫米，半镂通表面，自动上链225一分钟卡罗素机芯，100小时动力贮存，防水100米，限量制作288只。

Fifty Fathoms潜水表，三个型号：陀飞轮、飞返计时及大三针自动表都披上新的装束。当中最顶级的陀飞轮，配上华贵的钻石，自是理所当然。18K红金表壳，原来的潜水计时表圈改为镶上36颗长方形钻石，3、6、9及12时各另有一颗三角形钻石。表壳口径45毫米，搭配自动上链的Cal 25A机芯，拥有8日动力贮存。

至于飞返计时表及自动大三针则不约而同都大玩不同的色彩配搭。前者是45毫米的18K红金表壳衬灰色表面及旋转表圈，新鲜的组合，带来独特的观感。采用自动上链的F185

Fifty Fathoms陀飞轮表加入表圈镶嵌36颗长方形及4颗三角形钻石的华贵版。

Fifty Fathoms飞返计时表换上灰色的表圈及表面。

计时机芯。至于大三针款式，更是人强马壮，Sport是一黑一白的鲜明对比，另外两枚更是首次为女士而特别设计，在白色的珠贝表面上，配上粉红或粉蓝的时标，白色的帆布表带，显得格外明艳照人。以上款式皆是45毫米不锈钢表壳，5日动力贮存的自动上链Cal 1315机芯换上新设计的鹦鹉螺形摆陀，通过透明蓝宝表背可以看到。整个Fifty Fathoms系列都备有300米防水能力。

F185飞返计时机芯多年来替

Fifty Fathoms Automatique

不锈钢，表壳口径45毫米，自动上链1315机芯，35钻，120小时动力贮存，防水300米，帆布表带。

为女士而设的Fifty Fathoms Automatique，白色的珠贝表面上，配上粉红或粉蓝的时标。

宝珀立下不少汗马功劳，除了Fifty Fathoms，2008年，它更披上了全新装束，成为动力澎湃的Speed Command Chronograph。这表的外形轮廓与Fifty Fathoms相似，口径同为45毫米，磨砂不锈钢表壳经类钻碳处理，散发刚强本色，碳纤维表面及蓝宝石旋转外圈上的刻度，以及Barenia牛皮表带的缝线分别选用抢眼的萤光橙或黄色，以鲜明的对比强调动感个性。F185机芯由308个零件组成，有37钻与40小时动力贮存。Speed Command Chronograph的防水能力达300米，与Fifty Fathoms看齐。

宝珀一直坚持只生产机械表及圆表，为女士而设的Blancpain Women自然亦不例外。今年品牌向大自然取材，带来两只风格清新的作品。它们都是34毫米口径的18K白金表壳，表圈及表耳镶嵌两排共重0.89克拉的圆钻，珠贝表面分别镶嵌钻石及红宝石，营造恬静雅致的氛围。选用超薄的自动上链Cal 1150机芯，厚度只有3.25毫米，有28钻及100小时动力贮存。以与表面匹配的粉红色或白色缎面表带佩戴，防水50米。

Speed Command Chronograph

类钻碳处理不锈钢，表壳口径45毫米，自动上链F185飞返计时机芯，40小时动力贮存，防水300米，小牛皮表带。

Blancpain Women

18K白金，表壳口径34毫米，表壳镶嵌0.89克拉钻石，表面镶钻及红宝石，自动上链1150机芯，100小时动力贮存，防水50米，缎质表带。

资料查询

The Swatch Group (HK) Ltd.

香港北角电器道169号宏利保险中心40楼
电话：(852) 2510 5205
传真：(852) 2887 8432
网址：www.blancpain.ch

BAUME & MERCIER
GENEVE · 1830
名士

名士表

过去一段时间，名士表主力在中价表市场默默耕耘，打造了不少质优价美的产品，深受一般消费者欢迎。不过从近年开始，品牌亦重拾其始自1830年高级钟表制作的传统，当中以“名士之父”William Baume命名的系列更俨如品牌的旗舰。新的William Baume系列，包括了三只限量版的腕表，它们一律以18K红金打造表壳，不单散发高贵气质，更以金质的耐用持久，彰显品牌的永恒价值。

在它们当中，最引人注目的自然是陀飞轮表。早在怀表年代，名士已经拥有制作陀飞轮的经验，如今重作冯妇，自然不会马虎了事。这限量10只的杰作，18K红金表壳口径43毫米，是系列3枚新作中最大的，以容纳怀表口径的人手上链机芯。银白色的表面，与稍微倾斜的薄身外圈，构成典雅的风格。表面上，中央部分有称为Vieux Panier的雕花饰纹，由内至外，分别是罗马数字、条状小时刻度及分钟刻度圈的三层显示。9时位开了个圆窗，表面看没有横桥的陀飞轮就被安放在这里，至于6时位，则是小三针针盘，这个处理方式既别出心裁，亦可看出品牌制表师的巧思。通过透明蓝宝表背，可见到机芯类似四分之三夹板的布局。主夹板以三颗蓝钢螺丝固定在基板上，上方可见4颗套上金套筒的红宝石，及日内瓦条纹打磨。陀飞轮上另有一道横桥，中间饰以品牌的希腊字母“Φ”商标，两端各以一颗蓝钢螺丝固定。机芯有21钻，满链后可走55小时。

William Baume系列另外两员，是各限量178只的飞返秒针表及超薄表。两表口径皆为41毫米，搭配自动上链机芯。它们的表面布局与陀飞轮相似，中央部分有Vieux Panier雕花

William Baume Tourbillon Complication

18K红金，表壳口径43毫米，人手上链La Cote aux Fees陀飞轮机芯，55小时动力贮存，透明蓝宝表背，限量制作10只。

William Baume Tourbillon Complication的人手上链机芯。

William Baume Retrograde Second

18K红金，表壳口径41毫米，自动上链La Joux Perret 3533飞返秒针机芯，鳄鱼皮表带，限量制作178只。

饰纹，从内至外的三层刻度圈，上面分别有罗马小时数字时、条状时标及分钟刻度。飞返秒针表表面上方有双窗大日历，呼应下方的蛇形指针30秒飞返显示。至于超薄款式则为两针布局，表壳厚度只有5.8毫米。

拥有12边形外圈的Riviera，是名士最深入民心的款式。系列的两大分支：43毫米的XXL及40毫米的XL都迭有新作。前者的Chrono Diver潜水计时表，黑色表面配上涂上橙色夜光物料的指针及罗马小时刻度，中央计时秒针及测速计更用上抢眼的深橙色，配合黑色帆布表带连橙色缝线，整体令人眼前一亮。此表防水200米，搭配自动上链计时机芯，不锈钢表壳以抛光及拉丝打磨相间处理，黑色的12边形外圈以钢及铝打造。

至于XL Diver潜水表同样防水200米，配不锈钢表壳及链带。其中一款以银色及深蓝为主调，表面上，

William Baume Ultra Thin
18K红金，表壳口径41毫米，人手上链La Cote aux Fees机芯，鳄鱼皮表带，限量制作178只。

Riviera XXL Chrono Diver
不锈钢，表壳口径43毫米，自动上链计时机芯，防水200米，帆布表带连折叠扣。

Riviera XL GMT

18K黄金及不锈钢，表壳口径40毫米，自动上链GMT机芯，防水200米，金钢链带。

蓝钢指针及圆点小时刻度涂上浅绿色的夜光物料，12时位的罗马数字为腕表在刚强动感上增添一丝典雅。另外一款设计，则是黑色表面及外圈、白色圆点小时刻度的经典潜水表模样。它们同样选用自动上链机芯，不锈钢表壳及链带以抛光及拉丝打磨相间处理，12边形外圈以钢及铝制成，黑面款式可配黑色橡胶表带。

至于另一瞩目焦点，是全新登场的女表Ilea。这表背后的设计理念，是要演绎时间的不断循环，圆润的表壳以柔和的线条，映照出时间的魅力。这只以不锈钢打造表壳及链带的腕表，口径30毫米，拉丝及抛光相间打磨，令腕表更闪烁夺目。表圈12时及6时位置以扇形设计，与链带融为一体，拱形的表镜与银色表面上的细致弧线机刻饰纹互相呼应，3个镀铑的阿拉伯小时数字及太子妃形指针，散发优雅气质。表冠缀以一颗偏心美钻，倍添妩媚韵味。这表有三个型号，分别为纯钢、表圈镶嵌两排钻石及全钻石表圈，后者表面另有8颗钻石小时刻度。它们都搭配石英机芯，6时位有日历显示。

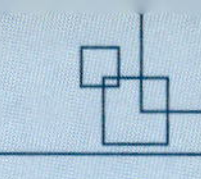

Riviera XL Diver

不锈钢，表壳口径40毫米，自动上链机芯，防水200米，不锈钢链带。

Ilea

不锈钢，表壳口径30毫米，表冠镶钻，石英机芯，防水30米，不锈钢链带。

资料查询

历峰亚太有限公司
香港中环康乐广场1号怡和大厦1319室
电话：(852) 2532 7288
传真：(852) 2537 6630
网址：www.baume-et-mercier.com

TUDOR 帝舵表

帝舵表

腕表除了是消费品，更是佩戴者表现自我的工具。正因如此，不单佩戴者各具不同个性，腕表品牌亦应该有自我的追求，应该有自己的路，不可以在别人的背影后亦步亦趋。踏入21世纪，帝舵的独特个性变得越来越明显，结合传统制表工艺与现代艺术及时尚潮流，稳站在时代的最前端。新的广告攻势，以红配黑的夺目，油画与水墨的技巧，给消费者带来耳目一新的印象。这个品牌是充满朝气的，是波希米亚的，正好恰如其分地反映着近代中产知识分子的追求。来到巴赛尔，看到帝舵的新设计，让人感到生机勃勃。全新的Iconaut叫人惊喜，原来的Classic系列亦加入了不少新款式。

Iconaut是2008年面世的新系列。它是43毫米的大口径抛光表壳，外圈有大号阿拉伯数字的第二时区小时标记。这款表，除了有计时功能，还有两地时间功能。一枚设于中轴的三角头红色指针，作24小时的异地时间指示。它可选择黑色或白色的表面，左边9时位置的红色部分是时间秒针盘。计时的记录，由大小相异的针盘进行，30分钟盘很小，12小时盘很大，以强烈对比营造出前卫感。它的日历窗，设在4时位置，为一个较空的部分添上亮点。为了增大表面的空间感，其速度计也设于表面内，使整体更见热闹。它的表冠为旋入锁定式，令防水能力达150米。它是自动上链的机芯，性能精准可靠。它配不锈钢的链带，运动个性相当突出。

相比于Iconaut，41毫米Chronograph的个性是较为传统的。红色的大盾牌商标，与3个稍为凹入的计时针盘呈现上佳的平衡感。黑色的表面，上有工整的阿拉伯数字作时标。圆形日历窗设于6时位置的12小时记录盘内，由10时侧缘的隐蔽按钮

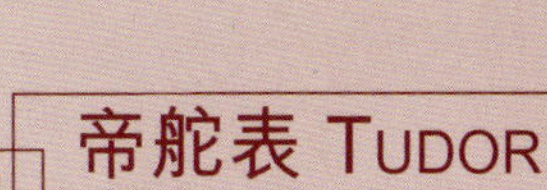

Iconaut

不锈钢，表壳口径43毫米，自动上链计时日历机芯，防水150米，不锈钢链带。

Chronograph

不锈钢，表壳口径41毫米，自动上链计时日历机芯，防水150米，黑色真皮表带或不锈钢链带。

直接调校。抛光的外壳，上配特宽的测速计外圈，显得洗练且沉稳。此表内置自动上链机械机芯，装设真皮表带或有"TUDOR"刻字的不锈钢链带。旋入式表冠及相应的按钮防水处理，令它能在150米的水下操作。

使用与Chronograph同一机芯的列入Classic系列的Lady Chrono，是令人拍案叫好的出色设计。帝舵的宣传文字说它"感性地表达真我"，但岂止表本身有真我，把它戴在玉腕上的女士也会有真我，否则只配去随波逐流。它有白、橙、粉绿及玫瑰红的多种表面色泽，配同色系的橡胶表带。表面上彩色的时标圈，有8颗带

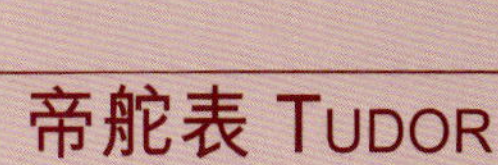

Lady Chrono

不锈钢，表壳口径41毫米，表壳镶嵌73颗钻石，自动上链计时日历机芯，8颗钻石时标，防水150米，橡胶表带。

圆托的美钻做时标，左右的两个针盘呈椭圆形，像两只冷酷地看着人世的大眼睛。6时位置的12小时记录盘，还有圆形的小日历窗如珍珠般沉在下方。测速计的宽外圈及表耳的侧缘，分别嵌有73颗与28颗细细的圆钻，优雅隽永同时有艳光潋滟的芳华。因为细钻很难镶好，即使是一些知名品牌的出品，石与石之间还是很疏离，没法达到Lady Chrono那样的流畅。细细欣赏Lady Chrono的芳容，总会令人联想，哪个玉人会首先懂得欣赏它，率先戴上它。

Classic系列的Date-Day，向来有许多忠实的捧场客。它可靠耐

Date-Day

不锈钢，表壳口径41毫米，自动上链星期日历机芯，10颗钻石时标，防水100米，不锈钢链带。

用，价格诱人，殷实的广东富户尤为喜欢。新的设计，口径达41毫米，外圈是抛光与磨砂相间的宽条纹。10颗带“水泡”垫圈的钻石，用作小时标记，嵌在弧形星期窗与方形日历窗的同一刻度全圈内。布纹的表面，使人联想起30年前的帝舵经典。它配备五节不锈钢链带，表的设计带来100米的防水性能。

黄金与不锈钢的设计，使帝舵的风格深入人心。今年的Classic系列新款，还以钻石强调了固有的华贵。纹理清晰的香槟金布纹表面，有10颗钻石作时标。此表有同设计的男女表，正切合正在中国大陆流行的对表

Classic

18K黄金配不锈钢，表壳口径38毫米（男装）及28（女装）毫米，外圈镶嵌60或52颗钻石，自动上链日历机芯，10颗钻石时标，防水100米，金钢链带。

潮流。它的男表是38毫米的口径，外圈镶60颗钻石；女表则是28毫米的大小，表圈上是52颗美钻。它们的链带，中央是实心黄金。两表都装置自动上链机械机芯，具备100米防水能力。

资料查询

Tudor Service Centre

香港中环康乐广场1号怡和大厦14楼
电话：(852) 2249 8833
传真：(852) 2810 6964
网址：www.tudorwatch.com

Chopard 萧邦表

萧 邦

与钢琴诗人同名，萧邦无疑占尽先天优势。然而且不论其拿手的珠宝腕表魅力无限，纵观如今它在机械腕表上的表现，也绝对不负这优雅的盛名了。尤其是那些采用独门绝活L.U.C机芯的腕表，按素质论，售价完全有上调空间，萧邦却始终克制，于是这些挂上创始人名号的精彩时计遂继续以超值的价格落入伯乐们手中。

今年的L.U.C系列，Tech Twist Tourbillon以灵活创意占了鳌头。表冠旁边放了一个名为WAS的小型曲柄，全写是Winding Assistance System。利用杠杆原理，用者在瞬

带有上链辅助系统的L.U.C Tech Twist Tourbillon WAS 。

间即可把8天贮备灌满。Tech Twist陀飞轮精美的透视表面布局固然是令我们眼前一亮，但作为绿叶的这个上链辅助系统却是个极醒目的点子，使得原本带点严肃的陀飞轮表变得好玩多了。

L.U.C Tech Twist Tourbillon给人机灵活泼的感觉，同门兄弟L.U.C Tourbillon Tech Steel Wings则严正大方。开放式的表面让夹板前方的细致修饰及相关部件尽入眼帘。以抽象艺术手法塑造的罗马字时标，立体剪裁在金环之上。蓝钢针与螺丝相和着银灰主调的表面。陀飞轮在6时位置飞扬，它的精钢桥架有如大鹏展翅，跟萧邦的机械表事业同步起飞。指针式8天动力贮存守候3时偏旁（真实贮备为9天的216小时）。特长的贮炼全赖Calibre 4TT机芯采用了萧邦著名的L.U.C Quattro技术，两个双重发条的发条鼓并联以提供更长更稳定的动力效能。Tech Steel Wings陀飞轮更取得了在同类表中甚难得的COSC认证。它18K红金表身的直径为40.5

L.U.C Tourbillon Tech Steel Wings
18K红金，表壳口径40.5毫米，人手上链L.U.C 4TT陀飞轮机芯，216小时动力贮存，防水30米，鳄鱼皮表带连红金折叠扣。

L.U.C Chrono One Flyback
18K红金或白金，表壳口径42毫米，自动上链L.U.C　11CF飞返计时机芯，60小时动力贮存，防水30米，鳄鱼皮表带连红金或白金折叠扣。

毫米，全球限产100只，另有表框镶有方钻的25只限量版本。

在运动腕表领域，自主研发的10CF机芯增加了飞返计时功能，定名11CF的新机芯当然也是耦合式设计而非一般品牌的架床叠屋。采用11CF的L.U.C Chrono One Flyback选用了感觉更豪迈硬朗的炭灰色调表面，凸金阿拉伯数字时标配合表面上的太阳放射纹铭刻。偏于4与5时中间的日期示窗边框呈倾斜姿态，跟表面上的这些放射铭刻倍加合衬。三个小盘作倒品字形序列：居中6时平滑深色的是小秒针盘，上面更写明了它是取得天文台认证的精准时计；3时位的累计30分钟盘及9时位的累计12小时盘，位置略偏离了由表冠延伸的中线，且作了加大处理，清清楚楚的点算消逝了的时段。42毫米18K红金表身配黑色或棕色短吻鳄鱼皮表带，18K红金折扣，另有18K白金版本供选择。

超薄自动表L.U.C XP，新增潇洒的石板灰色表面。4个浮凸的阿拉伯字时标配条形刻度及剑形指针，让这只日常用腕表在清简中发挥典雅长青的魅力。

自2002年起，品牌成为了摩纳哥Historic Grand Prix的合作伙伴，今年还特别为赛事设计了Grand Prix de Monaco Historique 2008这款计时表。古典的银色表面配合黑色的计时小盘、双斜角的凸身时标、尖塔形指针、微斜的外圈分钟刻度及银黑分明的测速计表框组合，即使日期窗下面没有明确地说出Monaco Historique，它浓得化不开的怀旧韵味早已把它的身份出卖。25钻自动机芯准绳可靠，为COSC所承认。42.5毫米直径精钢表身配穿孔式Barenia

L.U.C XP

18K红金或白金，表壳口径39.5毫米，自动上链L.U.C 96HM机芯，65小时动力贮存，防水30米，鳄鱼皮表带连红金或白金表扣。

Grand Prix de Monaco Historique 2008 Chronograph
18K红金或不锈钢，表壳口径42.5毫米，自动上链计时机芯，48小时动力贮存，防水100米，鳄鱼皮或Barenia真皮表带连红金或不锈钢折叠扣，不锈钢款式可配链带，限量制作红金500只。

小牛皮带或精钢链带。另有限量500只的18K红金款式配合短吻鳄鱼皮表带。两款腕表皆配以跟表壳同质的折扣。

Mille Miglia的2008限量版继续是自动计时表的天下。纯净的银色表面，拉丝打磨的三重环，9时是小秒针，12时是累计30分钟盘，6时是累计12小时盘。加上放大镜的日期置身3时，遥遥维系表面平衡。中央计时秒针的尖顶、它的刻度和小秒针刻度，都配合1000 Miglia独有的红色，添上火热动力。表面外缘的斜圈上有更细分的秒数，跟表框的测速计一样，同

Mille Miglia 2008 GT XL Chrono
18K红金或不锈钢，表壳口径44毫米，自动上链计时机芯，48小时动力贮存，防水100米，鳄鱼皮或橡胶表带连红金表扣或不锈钢折叠扣，限量制作红金500只及不锈钢2008只。

是为了使这一只取得天文台认证的计时表在计时功用上独占鳌头。Mille Miglia 2008 GT XL Chrono精钢版本限量2008只，18K红金版本限量500只。前者配套60年代Dunlop跑车条纹黑色橡胶带连精钢折扣，后者匹配18K红金针扣及短吻鳄鱼皮表带。

每一年萧邦在腕表上玩弄的宝石魔术都让我们心甘情愿地目迷五色。难得的是设计师们不见疲态，一浪接一浪的新产品愈战愈勇。椭圆并不是常见的表身形状，因为很少有人能把它摆弄得得体大方。艺高人胆大的萧邦，却在Xtravaganza一口气用上了三个椭圆。中央是椭圆表面，晶莹胜雪的宝钻细密铺盖着俏丽脸蛋。一而二、二而一的表身表框，像魔术链的两环难分你我，细致镶嵌的美钻让双环维系互通。白色的丝绢表带从表底延伸，与表身构成完美的弧，紧贴女士曲线玲珑的手腕。

Xtravaganza Watch
18K白金，表壳及表面镶嵌共重4.19克拉钻石，石英机芯，防水30米，缎质表带连镶钻表扣。

资料查询

Chopard Hong Kong Limited

香港中环德辅道中68号万宜大厦2201—2205室
电话：(852) 3406 9300
传真：(852) 3406 9333
网址：www.chopard.com

DEWITT

DeWitt的孜孜不倦，让它仅仅5年间就在表坛占据了一席之地。今年DeWitt再续佳绩，突破性的WX-1不仅是表，更是现代艺术品。脱胎自无名客Incognito的品牌第一只概念表，正如Jerome de Witt先生形容，比起现代艺术博物馆里许多令人丈八金刚摸不着头脑又或者丑恶得令人不欲正视的所谓现代艺术雕塑，WX-1有一种难以言喻的超现实美感。我们都知道这只表的制作意念源于两位才俊的相遇相知。他们分别是de Witt本人以及Jean-Michel Wilmotte这位杰出的设计师及建筑师。在WX-1特立独行的表身构造上，大家可以发现借鉴于飞机、汽车、快艇及其他现代艺术品的元素。熟悉文艺复兴巨匠达·芬奇手稿的，也会发现de Witt和Wilmotte从达氏的潜艇设计诱发的灵感。这集大成后灌注了无限创新元素的WX-1表身，总共由370个部件构成，相信业内难有其他表壳设计在复杂程度上能望其项背。除了大量原创组件，这综合了上链装置及滑动系统的表壳，因为体积不小，必须以特殊物料“减磅”。18K红金镶边的点缀虽是增加了重量，但使用5级钛及阳极氧化铝两种超轻巧而硬朗的物料严丝合缝成的表身，只重191克而已。如果采用一般物料的说话，单是表身已经重近600克了！

WX-1机芯里的所有零件，不论是链鼓、齿轮还是擒纵，统统都作罕见罕闻的垂直摆放。透过表身左边的一个天窗，我们可以窥视直立式浮动陀飞轮稳定的旋转。在表壳上方的透明视窗，也暴露了其他元件，包括五环合抱的发条系统，也只有集合5鼓之力，旁边的贮备显示才能累计着惊人的21天之数。想更透彻地鉴赏机器的，还可以把机件匣整个滑

WX-1

18K红金、钛及铝，表壳口径72.51毫米 x 48.64毫米 x 21.17毫米，人手上链机芯，垂直摆放陀飞轮，504小时动力贮存，透明蓝宝表背，防水30米，橡胶表带，限量制作 。

WX-1表壳以18K红金、钛及铝制成，重量只有191克；机芯由458个零件组成，主要部分以铝锂合金打造，陀飞轮及5个发条鼓等都是垂直放置。

出。WX-1不设指针，不仅如此，在钟表史上第一次有腕表的时间显示装置是跟表芯的驱动系统截然二分的，齿轮组只是透过装在连接6个滑槽轮齿的两块碟片报时。内圈的分钟碟片顺时针走动，外圈的小时碟片逆时而行，对应边缘的一记白箭嘴便可即时念出时间。破天荒的机芯构造，复杂自是难免，它总共用了458个零件，砌叠起来厚度有16.04毫米，如果不是工程人员们巧用铝锂合金打造夹板及桥件等主要部分，机芯不可能只有27克这样轻巧。表身左侧的两个圆窗，除了窥探陀飞轮的一个外，只要按动上面的暗键，便可以把藏于另一窗口里的人手上链装置弹出。人手上链当然过瘾，但要上满总21天之量也甚耗时，于是DeWitt安排了一只可以通过USB插头贮电的电子上发条器，只消一下子便可以把链上满。

A Chaine是利用十字轮作中介，让陀飞轮擒纵器在3天贮备时间内"好头好尾"的Academia Tourbillon Force Constante的新成员。比对前作，A Chaine在表面的上半部分作了非常大的改动。首先，异位时分针移到了正中央，条纹修饰的

Academia Tourbillon Force Constante "A Chaine"
铂金，表壳口径43毫米，人手上链DW8050恒动力陀飞轮机芯，72小时动力贮存，防水50米，鳄鱼皮表带连铂金折叠扣，限量制作50只。

表面被开了一个像倒悬的高尔夫球杆的窗口，一条金色的小链了一头搭着轮轴，一头穿过齿轮连接贮备显示装置。它不是芝麻链，而是别具风韵的贮备元件。A Chaine以铂金打造，限量50只。

DeWitt现行的Academia Quantieme Perpetuel精巧美丽兼备，新作Quantieme Perpetuel GMT Nebula神秘幽渺同步。远望星云，总见盘旋光晕。Nebula的布局也用上了一个又一个的圆，主要功能的五环紧贴乍看来似奥运徽号。居中最小的一环显示闰年，左右为伴的分别是月份与GMT，再左挨月份的是日期，右傍GMT的则为星期。珠贝雕琢、立体晶莹的皎月沐浴于星河幻影之中。表面顶部的一片夜空，乃源出17世纪威尼斯的流金玻璃（Goldfluss），跟著名的Murano琉璃一脉相承。硅片上的星云图案是波红星座中的NGC 1300星河的写照。Nebula的圆形表身是招牌设计Academia的变调。12根"皇家之柱"围绕表框，黑色陶瓷填满了柱间缝隙。表身设计有两个版本，18K白金表身配钛金属中层或者18K红白二

Academia Quantieme Perpetuel GMT Nebula

18K红金或白金、钛及陶瓷，表壳口径43毫米，自动上链DW7021万年历GMT月相机芯，42小时动力贮存，防水30米，鳄鱼皮表带连18K金折叠扣，限量制作。

金表身配钛金属中层。前者配衬银灰色的日内瓦条纹修饰表面，后者的铭刻表面则为黑色。剑形的中央时分针外，红色的中出时针代表两地时间。两表分别配合以18K白金或者红金折扣及短吻鳄鱼皮表带。

Academia Night Chronographe是罕有的在黑暗中亦闪耀的计时表。Night Chronographe无疑是Chronographe Sequential的变奏，有别于同门师兄的大胆“好”色，Night Chronographe在表面上妙用了白色以至黑色的Superluminova物料。两个不同版本都是以黑为主调。其一以18K红金白金交错而成的

Academia Night Chronographe
18K红金、红金或白金及橡胶，表壳口径43毫米，自动上链计时机芯，48小时动力贮存，防水50米，鳄鱼皮或橡胶表带连18K金折叠扣，限量制作。

表身，黑色橡胶充实了皇家之柱。全黑色表面及小表盘，黑色夜光物料添加在计分盘、序列秒盘及分秒刻度上。伴随腕表的表带以橡胶制作配合18K红金折扣。另一款以全18K红金打造表身，表面黑中杂白，分别在于前一款采用黑色发光物料的部分在这儿都以白色发光物料代替。

资料查询

DeWitt Asia Pacific Limited

香港九龙海港城永明金融大楼23楼2301—2302室
电话：（852）2723 3033 / （852）2836 6607
传真：（852）2723 3180 / （852）2836 6160
网址：www.dewitt.ch

DANIEL ROTH

丹尼诺夫

丹尼诺夫从不改其复杂表专家的定位。无论当年的个体制表商发展成独当一面的品牌，还是后来成为Bulgari集团的一员，都坚持其创始之初的目标。且不单是替自己，更为集团内其他品牌开发复杂表。品牌向更高难度进军，大力打造的活动人偶三问表Il Giocatore Veneziano更是人见人爱。

正如总裁Gerald Roden认为，真正的automation机械人偶，必须有一系列的连续活动，而不一应该只是简单的往返。Il Giocatore Veneziano（意大利文，意思是威尼斯的赌徒）的活动人偶由Francois Junod设计，除了跟随三问报时，还可以独立启动。灵感源自16世纪义大利画家Caravaggio的作品《The Card Player》，三问以双锤双簧的模式运作，至于穿着华装的威尼斯荷官的手以及飘动的烛光，共5个活动点、7种随机性的循环，每个循环有72个组合，共504个画面组合，堪称是洋洋大观。

按下表壳左边的三问拉杆时，机械人偶便开始做维时8秒的活动。它并不跟随三问教堂钟声活动，即便是报时声最短的1点整，也会做完整个动作。同时，只要按动2时位置的按钮，荷官就会把手提起，呈现不同的点数组合。觉得不理想吗？那按按4时位置的按钮，骰子点数就会变化，按一次变一次。通过透明蓝宝表背，可见到充满古典味道的人手上链的DR 7300机芯，基板饰以圆珠打磨，夹板上有日内瓦条纹及人手倒角，摆频每小时18000次，满链后可走48小时。由于表面是人手绘画及雕刻，每只表都是独一无二。46毫米 x 43毫米表壳以18K红金或白金制成。

Papillon是法文“蝴蝶”，也是Daniel Roth一款匠心独具的腕表名

Il Giocatore Veneziano

18K红金或白金，表壳口径46 毫米 x 43毫米，金质表面以人手绘画及雕刻，人手上链DR 7300活动人偶三问机芯，48小时动力贮存，鳄鱼皮表带 。

称。它是跳时及飞返式分钟的设计，后者由在同一个转盘上的两枚菱形分针构成，围绕着180°的弧形分钟环，如蝴蝶振翅般交替行走，点出腕表名称的由来。今年，此表加入了具备计时功能的新型号，选用以Frederic Piguet出品为基础的自动上链机芯，计时部分采用星柱轮机械，由品牌组装并作出大幅度的改动，包括加上专利的附加功能组件，当中所需要的心思和技艺，绝对不下于自产机芯。为了不影响12时位置的跳时显示，中央计时秒针改为在6时位启动及归零。跳时窗的左右两边分别是12小时及30分钟累计盘。在弧形分钟环的分针走到终点时，会立即旋转90°收入在轮轴转盘上，另一枚指针以同样的旋转机制于另一端的起点打开翅膀，准备作下一小时的分钟显示，周而复始，循环不息。此表有18K红金、白金及黄金型号，配不同颜色的鳄鱼皮表带。

Daniel Roth的陀飞轮表一向带

Chronograph Papillon

18K红金、白金或金黄，自动上链DR 2319跳时计时机芯，专利双层分针指示，防水30米，鳄鱼皮表带。

有一种沉稳的格调及典雅的气质，今年的8日链双面陀飞轮加入了万年历，两个复杂功能分踞前后表面，各领风骚。正面的陀飞轮上，是品牌招牌标记蓝钢三叉戟秒针配三层刻度，陀飞轮外围的基板饰上了巴黎钉头图案。上方的偏心时间盘外围有放射状的罗马数字小时刻度，中轴之上则有动力贮存显示小圆窗。将表壳主体掀开，可见到里头以开面方式显示的万年历，将机芯的精确运作展现在眼前。表镜上印有日历的刻度，其中6时位是同轴的日期及闰年小针盘，3时及9时分别是碟式的月份及星期显示，12时则是缀以点点星辰的月相盘。表壳底

Tourbillon 8-Day
18K红金，人手上链DR 5301陀飞轮万年历双面显示机芯，200小时动力贮存，鳄鱼皮表带。另有铂金及18K白金型号。

Athys II
18K红金或白金，人手上链DR 206机芯，43小时动力贮存，防水300米，鳄鱼皮表带连18K金表扣。

座可根据物主的喜好刻上不同字样。此表表壳以铂金、18K红金或白金制成，搭配人手上链的DR 5301机芯，有24钻，摆频每小时21600次，200小时动力贮存。基板饰以圆珠打磨，夹板上有日内瓦条纹及人手倒角等高级机芯必备修饰。

Athys II卷土重来，换上了漂亮的黑色光漆表面，令典雅风格更加突出。18K白金或红金的表壳内，装置了以古董Lepine式怀表机芯为基础的DR 206人手上链机芯，有43小时动力贮存。通过透明蓝宝表背，可见其弧形夹板饰以细致的日内瓦条纹及人手倒角打磨。表面保留了重叠的罗马小时、阿拉伯分钟刻度及9时位的三叉戟式秒针。配鳄鱼皮表带连经典造型的18K金针扣，防水深度达300米。

资料查询

Daniel Roth

香港皇后大道中30号娱乐行11楼
电话：(852) 2160 3338
传真：(852) 2905 1213
网址：www.danielroth.com

海瑞温斯顿

有了给表迷带来年年期盼的Opus与使用特殊金属素材的前卫创作Project Z，海瑞温斯顿成为可持续发展的典范。

在Opus 8面世之前，大概没有几个人听过Frederic Garinaud的名字。此君非但不是钟表匠起家，他甚至不是钟表产品设计师，而是机械工程师出身。但他是一个对钟表充满热忱的创作奇才，早在2003年便打算制作将机械及数码电子合而为一的复杂时计。2007年初跟海瑞温斯顿管理层的一次会面，竟然是对Frederic的醍醐灌顶。他们对Frederic说，与其制作机械与数码电子的混血儿，不如索性打造数码显示的机械纯种。经过几个月的反复思量，Frederic终为Opus 8设计定案，并且得到海瑞温斯顿管理层的全力认同与支持。

Opus 8触目尽是复古意味的背垫形表身，灵感明显来自20世纪70年代的电视机。在同期风行一时的LED（发光二极管）电子表，表面平常是一片漆黑的，只有在轻触按键时，电路通了才会亮出时间来，然后迅即自动消失。Opus 8的显示屏，在深灰色的平面上，以数码显示时间。透过按拨表身右缘的栓键，在机芯内运行不歇的碟盘便会压在一组部分固定、部分可以活动的机械“影像点”上，这些“影像点”分别组成了时间数字（点钟）以及AM或PM显示，至于分钟则以5分钟为单位在表面最右边一列看似横陈的栏栅上面表明，特别深色的一栏便是分数。每次扳下按钮之后，时间会出现5秒便自动消失。Opus 8显示时间的精密组件，灵感来自以小针立体反映按压影像的Pin Art玩具。

尺码45.8毫米 x 33.5毫米的表壳设有透视表背，设计师蓄意把提供资料的视窗弄成电子线路板的布局。镇守中央的是每小时震动21600次的摆轮。树桠般伸延向上的两个圆孔，左显小时、右示分钟，在调校时间时

Opus 8

18K白金，表壳口径45.8毫米 x 33.5毫米，人手上链机械数字显示机芯，48小时动力贮存，防水30米，鳄鱼皮表带连18K白金折叠扣，限量制作50只 。

Opus 8如电子线路板的表背布局，可见机芯摆轮、时分及动力贮存显示 。

Project Z5

锆合金，表壳口径45毫米，自动上链陀飞轮GMT机芯，110小时动力贮存，透明蓝宝表背，防水100米，橡胶表带连锆合金表扣。

不可或缺，因为在表面展现时间的档儿，是不能同时调节时间的。靠左上角并排的两个小圆孔，则提示AM/PM。呈扇形靠近右方中央的RDM，乃Reserve de Marche（法文里的动力贮存）的缩写。具备48小时动力贮存的44钻人手上链机芯，零件多达437件，另外，显时部件也多达138件。18K白金表壳配手缝真皮表带及18K白金折扣。

Harry Winston的儿子Ronald Winston是位出色的化学工程师，他一直觉得锆这种比钛金属更坚硬、更耐侵蚀，同时又抗敏的元素是做永不朽坏表壳的上好材料。当他发现了一种锆合金的反光色泽特别闪烁可爱时，便决定把它定名为Zalium，用来打造Harry Winston前瞻未来的高档款式腕表，Project Z在2004年于焉诞生。两地时间是Harry Winston一向得心应手的功能设计，在新的Z5中，它头一回与陀飞轮遇上。原居地的时分盘设于3时位置的表冠偏旁，9时位置是对应的异地时间盘，右上方是24个异地城市的显示窗，轻轻拨弄11时位的弧形键钮，环球都市便如走马灯般依次登场，异地时盘的时针也

Avenue Squared
18K白金，表壳口径36.3毫米 x 37.5毫米，表壳及表面镶有共重5.36克拉的钻石，两只石英机芯，防水30米，缎质表带 。

相应地跳往正确点钟，中央碟片同步显示出当地是日或夜。与两个时盘三足鼎立的陀飞轮，旋风形的忍者飞镖框架乃Project Z的象征标记──它也用上了质量轻巧却坚逾金铁的Zalium作构成物料。34钻自动上链陀飞轮机芯，贮链达110小时，45毫米直径Zalium表身配黑色橡胶表带，防水100米，全球限量150只。

体态丰满Avenue Squared，是36.3毫米 x 37.5毫米18K白金表身的两地时间腕表。采用两颗石英表芯在表面上作左右编排。右边具备小三针的表面，调校表冠设于3时位置。偏于左下一隅的另一时区，调校按掣暗藏于底盖上，非同一般双表芯作品左右同时伸出表冠，弄得恶形恶相。表面由天然亮丽的黑色或白色珠贝构成。两个偏心时分盘以合共0.26克拉的钻石捆镶得美轮美奂。表框上也对应地镶嵌了4.8克拉颗颗硕大的美钻，连同18K白金表扣上的0.3克拉钻石，总重量达5.36克拉。配备与表面同色相衬的优质丝绢表带。

资料查询

大昌华嘉香港有限公司

香港黄竹坑业兴街11号南汇广场A座23楼
电话：(852) 2895 9778
传真：(852) 2902 7810
网址：www.harry-winston.com

帕玛强尼

帕玛强尼的掌门人Michel Parmigiani，自小酷爱钟表艺术，在练成一身好本领后，于1996年创办了以自己命名的表厂，制成了不少令表迷趋之若鹜的好表。在得到山度士基金会的资金支持后，Parmigiani的步伐更是越走越快。今日，品牌已发展成拥有500名员工、年产量达5000只腕表的规模，在瑞士表坛稳占一席之地。

为赛艇运动而设计的腕表近年在市场大行其道，它们功能齐备、运作可靠，但总是欠缺一份与豪华游艇船主身份相符的高贵气质。意大利著名豪华游艇制造商Pershing选择了与帕玛强尼合作，在双方共同努力下，创制了不论气派与功能都可以与Pershing的极品游艇相提并论的腕表。这只Pershing "one-one-five"计时表外观以Kalpa系列为设计基础，拥有浑圆雄厚的造型，与船王的线条不谋而合。稍长的表耳，正如乘风破浪的修长Pershing游艇侧缘线条。表面的设计更见心思，垂直的日内瓦条纹上，两个计分针盘呈"8"字形连在一起，与收敛的小三针成有趣的对比。表面另有弧形的三日日历窗。大型的时分针及时标，即便在眩目的海面上也一览无遗。斜面的表面外圈有为帆船比赛重新设计的测速计，单向旋转外圈有橡胶的嵌入节，呼应橡胶做的计时按钮。

Pershing "one-one-five"有两个版本。限量版配18K红金或950钯金表壳，各做115只。可选银色或巧克力色的表面，搭配自动上链的PF190机芯，有50小时的动力贮存，日历窗设在10及11时间而小三针则在9时位。至于不锈钢的非限量版造型与限量版一脉相承，日历窗改在6时的12小时累计表盘内而小三针则移到3时位。它采用了品牌自产的PF334自

Pershing Chronograph "one-one-five"
钯金，自动上链PF190计时机芯，50小时动力贮存，防水200米，钯金链带、橡胶或鳄鱼皮表带连折叠扣，限量制作各115只。

动上链机芯，同样有50小时的动力贮存。可选择石墨黑、银色、金属蓝及酒红色的表面。不论是限量或非限量版，表背同样刻有Pershing船王的英姿，配与表壳同物料的中节拉丝的缎面链带、橡胶或鳄鱼皮带，防水深度达200米。

Kalpa Hemispheres两地时间表，凭着清晰易读的显示，在同类作品中突围而出，赢得市场高度注视。此表搭配了新开发的自产PF337自动上链机芯，有18K红金及不锈钢型号。表面上，6时位置的大秒针盘内有本地时间的日夜指示。中轴之上，是特大的第二时区时间盘，它以时分针清楚地指出代表时区的实际时间，即使是那些只有半个小时甚至四分之三个小时差别的地方也能做到分秒不差，它的右侧还有一个小针盘指出日夜，使本地及第二地区的日夜都能了如指掌。9时位置，有特色的三联日历弧形窗。表壳右侧是两颗表冠，能迅速调校不同时区的时间。内里是口径达到35.2毫米的PF337自动机芯，

Pershing Chronograph "one-one-five"

18K红金，自动上链PF190计时机芯，50小时动力贮存，防水200米，钯金链带、橡胶或鳄鱼皮表带连折叠扣，限量制作各115只。

在帕玛强尼位于百花镇的工厂内开发生产。它有38钻，摆轮每小时摆动28800次，有50个小时的动力贮存，红金型号装置机械雕花的金质摆陀。通过透明宝石表背，可看到强壮的摆轮、夹板上的人手倒角及日内瓦条纹装饰。Kalpa Hemispheres配全花皮带或鳄鱼皮表带，红金型号配咖啡色表面，不锈钢则可选择银色、石墨黑或金属蓝表面。

Pershing Chronograph
不锈钢，自动上链PF334计时机芯，50小时动力贮存，防水200米，不锈钢链带或橡胶表带连折叠扣。

Kalpa Hemispheres
18K红金或不锈钢，自动上链PF337 GMT机芯，50小时动力贮存，橡胶或鳄鱼皮表带。

资料查询

瑞骏(香港)有限公司

香港九龙尖沙咀广东道33号中港城第二座19楼
电话：(852) 2738 9888
传真：(852) 2736 1884
网址：www.parmigiani.com

雅典表

谁也不可否认雅典表的辉煌。这个成立超过160年并曾屡获殊荣的品牌，成功绝不会是偶然的因素。只要看它在腕表创新技术，特别是新物料的开发上一直居于领导地位就能明白。近来，在腕表上使用硅成为一热门话题，不论是经典大厂以至初出茅庐的新晋品牌均跃跃欲试，雅典作为最早在机芯内使用硅的品牌，在后来者纷纷涌现之时其实已经早有准备，今年在可打出教堂钟声的两地时间闹表Sonata上，加入不论表面装饰以至机芯内部均使用硅的新型号，显示品牌对这物料的运用已到达得心应手的境界。

看看限量发行的Sonata Silicium，在灰调日内瓦条纹的基板上，采用硅半导体集成电路制作所用之硅晶片切割成半锚形状，保持硅晶片自然原色，让设计前卫的表面渗出一种超现实的美感。表面上方有24小时倒数及响闹时间设定两个小针盘，硅晶片上有双窗大日历、品牌标记、响闹的开关指示调速器，及向外突出的24小时GMT小针盘，环形的时分针充满品牌特色。将表翻转过来，透明表背下机芯的22K金摆陀上的雅典logo同样镶嵌了原色硅晶片。至于在机芯内部使用硅更是不在话下，硅制的锚形擒纵器由品牌在瑞士钟表研究协会（Association Suisse pour la Recherche Horlogere）的领导下进行开发。擒纵轮与正在申请专利的游丝同样以硅晶体为材质。此外，此机芯还包含了两项首次在量产腕表上应用的创新结构，分别是一体化的锚形擒纵器与安全针及摆碟与指针。此枚编号UN-67的自动上链机芯，提供42小时动力贮存。

Sonata Silicium表壳口径42毫米，以18K红金或白金制成，各限量300只。它使用了品牌的专利两地时间快速调校装置。除了迷人的教堂钟声响闹，更有独创的24小时倒数计时装置，可清楚分辨响钟设定的日夜时间。以鳄鱼皮表带连折叠扣佩戴，防水30米。

使用Quadrato方形表壳的型号

Sonata Silicium

18K红金或白金，表壳口径42毫米，原色硅晶体表面，自动上链UN-67教堂钟声响闹GMT机芯，22K金摆陀，硅晶体锚形擒纵器、擒纵轮及游丝，防水30米，鳄鱼皮表带连折叠扣，限量制作各300只 。

加入具备专利单一表冠调校的万年历GMT腕表。三层表面设计将现代美学与腕表功能巧妙结合，透过特殊设计的镂通指针，可以清楚阅读所有面盘指示，包括双窗大日历、星期、月份、两位数年份和24小时第二时区显示在表面上清晰排列，方便读取。表壳两边置有专利快调按钮，只要轻按“+”及“-”按键便可迅速调校第二时区时间及日历。配备18K白金摆陀的UN-32机芯，有34钻及45小时动力贮存。18K红金或白金表壳口径42

毫米 x 42毫米，有黑色及银色两个表面选择，可以鳄鱼皮表带连折叠扣或同质金属链带佩戴，防水表冠确保此表的50米防水能力。

Maxi Marine系列今年向计时功能进军，推出两个新型号。Maxi Marine潜水计时腕表，有18K红金及不锈钢表壳的款式，后者的旋入式表冠及按钮用上黑色钛金属。防水深度达200米。潜水计时外圈选用特制的橡胶物料作装饰，两针盘的表面布局，三层重叠组成的刻度，不但提升腕表的时尚美感，亦令计时功能更清晰易用。透明表背的设计，可供佩戴者欣赏机芯的22K黄金摆陀。表壳口径42.7毫米，自动上链UN-800机芯提供42小时动力贮存。至于另一计时表Blue Seal为限量版，18K红金款式只造999只，不锈钢款式则造1846只。同样是双盘的布局，小三针改在3时位而9时则是45分钟累计盘。搭配自动上链的UN-35机芯，夹板采用蓝钢加钛合金制成，整个机芯上覆盖一层厚度仅1微米的蓝钢，具备1500HV的硬度。旋入式表冠及按钮确保200米的防水能力。

Quadrato Dual Time Perpetual

18K红金或白金，表壳口径42毫米 x 42毫米，自动上链UN-32万年历GMT机芯，45小时动力贮存，防水50米，鳄鱼皮表带连折叠扣或18K链带。

Blue Seal Limited Edition

18K红金或不锈钢，自动上链UN-35计时机芯，42小时动力贮存，防水200米，橡胶表带连折叠扣，限量制作红金999只不锈钢1846只。

另有为女士而设的潜水腕表，18K红金或不锈钢表壳配衬多个不同颜色的表面及橡胶表带，集优雅与时尚于一身。表面、表圈及表带饰以立体感十足的波浪纹，搭载自动上链UN-810机芯，备有日历显示及42小时动力贮存，表壳口径40毫米，防水100米，备有镶钻及全钢款式。

Lady Diver

18K红金或不锈钢，表壳口径40毫米，表壳及表面镶钻，自动上链UN-810机芯，42小时动力贮存，防水100米，橡胶表带，不锈钢型号备有镶钻及全钢款式。

Maxi Marine Diver Chronograph

18K红金或不锈钢，表壳口径42.7毫米，自动上链UN-800计时机芯，42小时动力贮存，22K金摆陀（红金型号），防水200米，18K红金或不锈钢链带或橡胶表带连折叠扣。

资料查询

Ulysse Nardin SA

香港九龙尖沙咀广东道5号海洋中心1203室
电话：(852) 2957 0000
传真：(852) 2957 0009
网址：www.ulysee-nardin.com

CHRONOSWISS

Faszination der Mechanik

瑞宝

2007年瑞宝表正式在与巴伐利亚省会慕尼黑比邻的Karlsfeld建设了巴省史上首家表厂。或因品牌向来专注，一心不能多用，以致许多表迷在该年无法尽心享受其作品。2008年适逢瑞宝表25周岁，新厂发力，热爱瑞宝表的人们终于可以大飨盛宴，我们也终于体会到朗格先生老而弥坚的日尔曼创造魅力。

这一次，瑞宝表将眼球焦点里程碑系列与看家本领镂通表芯联合。因为用上了44毫米大口径的18K红金表壳，所以机芯也用上了ETA 6497-1。它简单的结构、开阔的基板，让雕刻匠有更多发挥的机会。为瑞宝操刀的并非别人，乃朗格先生的德裔同胞Jochen Benzinger，他能在表芯上雕出龙飞凤舞的功架，为平板的金属赋予舞动的生命。瑞宝的里程碑一门四杰，除正面采用925纯银铭刻，表面只镂通小三针部位，然后背面作同心半圆镂通的一款，其余皆作前后镂通。两款波澜壮阔，浪翻千丈；一款正面龙翔九天，背后星移斗转。所有款式的大钢轮都被镂通上瑞宝商徽，零件上皆作蛇形暗花，刻纹的深度只有1/10毫米，可见Benzinger妙到毫巅的绝世刀章。

从前的旗舰型号瑞宝表，表身直径设定为38毫米的占绝大多数。但今天大是潮流，朗格不守旧，把成名作中最受欢迎的Lunar及Opus以全新41毫米、钱币纹侧缘的表壳制作，迎合新时代的需求。

而到底腕表的大有没有限度？看瑞宝的Wristmaster尺码竟然是84毫米x42毫米，便不得不想这或许是极限了吧！Wristmaster的灵感显然来自品牌早年的创作Boardmaster：在长方形金属板面上，左右两个表头分别显示时间及负责计时。但Boardmaster只

Edition Zeiteichen "Signs of the Times Edition"

18K红金，表壳口径44毫米，多个不同镂通表面，人手上链ETA 6497-1机芯，40小时动力贮存，人手雕花及镂通，防水30米，鳄鱼皮表带连折叠扣。

Grand Lunar Chronograph & Grand Opus Chronograph
18K红金，表壳口径41毫米，自动上链C.755计时月相机芯或C.741S镂通计时机芯，46小时动力贮存，防水30米，鳄鱼皮表带 。

能放在车上或摆在台上使用，不像Wristmaster可以戴在腕上随意活动。过去Boardmaster用的都是人手上链机芯，机动性强的Wristmaster则改为采用两个自动机芯，左边的备有大三针兼三连式日历，右边的把机芯本来的显时部分挪走，只余可量12小时的计时盘。两个表头都可以通过暗掣卸下。要把这表的特别裁制短吻鳄鱼皮带系到腕上，需要的除了是壮大的手腕外，还要有过人的胆气，因为鹤立鸡群的它无可避免地会招来四处瞩目。

2008年也是瑞宝生产规范指针表的第20个年头，合乎人情地偏心这款表的朗格先生在他的库存中特别腾出3000枚Marvin 700人手上链绝版机芯，把它们重新修饰、改动成C.112瑞宝机芯，也就是Regulateur 20周年纪念作的心脏。40毫米的18K红金表身，在传统中求突破的表面，12时位的时针走一圈刚好是24小时，指针以925纯银炼制，配合火锻而成的梨形蓝钢。这款瑞宝的杰作，美丽得令人心醉神驰。

Wristmaster
不锈钢，表壳口径84毫米 x 42毫米，两枚独立自动上链C.751计时及 ETA 2892-A2机芯，防水30米，鳄鱼皮或真皮表带。

Regulateur 24
18K红金，表壳口径40毫米，人手上链C.112规范指针机芯，46小时动力贮存，防水30米，鳄鱼皮表带，限量制作3000只。

资料查询

瑞骏(香港)有限公司

香港九龙尖沙咀广东道33号中港城第二座19楼
电话：(852) 2738 9888
传真：(852) 2736 1884
网址：www.chronoswiss.com

J·D

JAQUET DROZ

ART HORLOGER DEPUIS 1738

雅克德罗

归入Swatch集团之后，雅克德罗改弦更张，先仗着集团中Frederic Piguet的帮助进一步提升机芯的独特素质，在外形上也巧用心思，打造出大胆心细，跟时代潮流接轨的大口径表身。表面则以大明火烧的完美珐琅为主导，接连宣示掐丝珐琅、雕刻珐琅等种种不同的珐琅雕饰技术。近年间又采用各种不同的宝石、矿石甚至木料造出异彩多变的表面。除却在艺术方面甚有可观之外，也为爱表一族上了一堂宝贵的表面物料课程。

2008年雅克德罗主打的新贵仍以大明火烧珐琅面的自动腕表为主导。其中Grande Seconde Ceramique白珐琅面跟之前的黑珐琅面，一阴一阳相映成趣。44毫米的白色陶瓷表身，表面是尘垢不沾的白璧无瑕。在宝葫芦样子的8字双盘，偏心上方的罗马字表面交托时分，Grande Seconde的“大号”小三针临近6时位置，非常醒目地把每秒的过渡呈现眼前。Numerus Clausus的数目是寓意吉祥的八十有八，个别的独立编号同时手绘烧印在11点位置偏旁，永恒表明尊贵身份。三针的运作由Jaquet Droz2663机芯驱动，双发条鼓的自动机芯振频为每小时28800次，30钻，22K白金自动陀，白色天然橡胶表带配合精钢折叠扣。

跟Grande Seconde Ceramique同属Hommage Geneve 1784系列的Grande Heure或许是高档机械表中表面最精简的作品了。古趣跃然于象牙色表面中央，明明白白的就只一根蓝钢针，在精细划分的24小时刻度面上身兼时、刻二职。是的，用家不能要求明辨分秒，但拥有这只表的朋友恐怕都是那些逍遥自在不会锱铢必较的有闲一族。18K白金表身直径43毫米，配衬人手缝制圆滑修边的黑色短

Grande Seconde Ceramique, Email Blanc
陶瓷，表壳口径44毫米，大明火珐琅表面，自动上链JD2663机芯，68小时动力贮存，22K白金摆陀，防水30米，橡胶表带连钢折叠扣，限量制作88只。

吻鳄鱼皮表带。

Grande Seconde SUW是一派儒雅的雅克德罗第一只运动腕表，难得的是没有半点初哥况味，从表面与别不同的橡胶处理已感受到它的专业精神。银色的8字双环，色泽做工都跟镌有凹槽的表框珠联璧合。银色的三根指针前端都饰上跑车场上爱用的明亮橙色。45毫米精钢表身配黑色橡胶表带及备有安全锁的同质折扣。平常限量的88今次变成了88米的防水深度。SUW不单是幽了SUV一默，同时也表明了自己的立场：实用运动表Sport Utility Watch。这款Hommage Grande 1784的新品对这个名衔当之无愧。

结构复杂的Tourbillon Reserve de Marche以黑蛋白石为主要表面物

料，上半的平滑打磨配上偏心向12的银白时分盘。两扇弧形小窗左右开弓，在红金的显示盘上以回返模式显示88小时贮备及日期，内陷的示窗设计带来惹人赞赏的视觉深度。表面的最下部是单桥陀飞轮的旋转舞台，黑色蛋白石的底板以日内瓦条纹修饰，仿如陀飞轮旋动时兴风而起之浪。31石JD3人手上链机芯。18K红金表壳直径47毫米，全球限量仅28只，另有相同数目的18K白金限量版本。

Grande Heure, Email Ivoire
18K白金，表壳口径43毫米，大明火珐琅表面，自动上链GH24机芯，68小时动力贮存，22K白金摆陀，防水30米，鳄鱼皮表带连18K白金表扣，限量制作88只。

Grande Seconde SUW
不锈钢，表壳口径45毫米，自动上链2663-S机芯，68小时动力贮存，22K白金摆陀，防水88米，橡胶表带连钢折叠扣。

Tourbillon Reserve de Marche

18K红金或白金，表壳口径47毫米，人手上链JD3陀飞轮动力贮存显示机芯，88小时动力贮存，防水30米，鳄鱼皮表带连18K金表扣，限量制作各28只。

Quantieme Perpetuel, Email Ivoire

18K红金，表壳口径43毫米，大明火珐琅表面，自动上链5863双飞返万年历机芯，68小时动力贮存，22K白金摆陀，防水30米，鳄鱼皮表带连18K红金表扣，限量制作88只。

资料查询

The Swatch Group (HK) Ltd.

香港北角电器道169号宏利保险中心40楼
电话：(852) 2510 5100
传真：(852) 2806 3242
网址：www.jaquet-droz.com

窝路坚

在很多人心目中，窝路坚是响闹表的代名词。2008年是窝路坚150岁大寿，品牌拿出了响闹机芯与掐丝珐琅两大看家本领，不遗余力创作新品以飨万方。

长寿响闹机芯V-10已是够分量，限量版Anniversary Heart运用的却是更上一层楼的V-18来制作。机芯由157个部件组成，双发条鼓提供42小时动力贮存以及15至20秒的响闹功能。红金的表壳里，是与之相辉映的开放式表面上的大型红金数字与条状时标，两者中间是黑底白字的五分刻度环。红金的大三针与红箭头的响闹指针后面是炭灰色的机芯基板及部件。与12时数字对称的是6时位的品牌Logo。后现代感强烈的表面设计配着黑色鳄鱼皮表带，定会为佩戴者增添一份独特的魅力。42毫米的表壳背面是透明的蓝宝石水晶，可见不锈钢或红金的V字赫然印在机芯背部，防水深度可达50米。这款表有炭灰、银与黑三种表面，各限量50枚；至于配置不锈钢表壳的，也有银、黑、红铜表面可供选择，各限量150只。

Cricket GMT X-Treme是窝路坚迈进新世纪运动领域的通行证。44毫米口径，有钢加钛及18K红金加钛的型号。内里的V-16响闹机芯。拥有42小时动力贮存，两个发条鼓不仅支援腕表一般的运作，还提供长达20秒的响闹功能。该机芯共由191个部件构成，三个分别调校外表圈、时间及响闹装置的表冠均列于表盘的右边。6时位有日历窗，24小时世界时间刻度外是环表一圈的各个时区城市名。高明的是，这样多的资讯，由于设计者的用心，看去丝毫不觉拥挤与繁琐。除此以外，设计者仍不忘为两地奔波的人们提供100米的防水保障，配橡胶或防水的小牛皮表带。

海天本一色，Cricket Diver X-Treme是窝路坚探索海洋的又一力作。44毫米的黑钛及不锈钢壳里装载久负盛名的蟋蟀V-10响闹机芯，特有的三层表背同时保证了100米的防水深度及在深海中响闹装置的音量。表面潜水用的计时外圈由9时位表冠控制，

Anniversary Heart Limited Edition

18K红金或不锈钢，表壳口径42毫米，人手上链Cricket V-18响闹机芯，42小时动力贮存，防水50米，鳄鱼皮表带连18K红金表扣或钢折叠扣，红金型号三个表面颜色限量各50只，不锈钢型号三个表面颜色限量各150只。

可双向调校，中心圆圈分成黑白上下两部分，上有涂以夜光物料的大型阿拉伯数字时刻，12时位下写着醒目的品牌名称。最内圈是响闹刻度圈，将每小时分成3个20分钟，所以是10、30、50交替，由中心伸出的一个红色箭头指针，用时只需拔动2、3时位中间的表冠即可。该表设计极具人本精神，提供了潜水者所需的各种资讯，剑形时分针与大型数字刻度打造出大气的风度。提供三种表面颜色配搭选择，另有钛和红金表壳型号，配黑金两色的表面。

窝路坚走进了中国传统文化，以五彩龙为主题创造了一款全球限量仅

30只的“The Dragon”GMT蟋蟀响闹表。42毫米的表壳里运转的是Cricket V-13机芯，从GMT、42小时动力贮存、15至20秒响闹，到100米防水深度，功能齐全。表面上，红金的大三针及响闹指针与亮丽的表壳表冠相呼应，表壳外圈的24小时世界时间、各时区地名铺排工整。但真正华彩的部分，还是正中心那一面掐丝珐琅，背景莹润如玉，上面飞翔着的五色龙纤毫毕现，带来的东方神秘又威严的皇权气息，仿佛蕴藏着无尽的征服力。黑色鳄鱼皮表带，是与红金表壳最完美的拍档。

Cricket GMT X-Treme

18K红金及钛或黑钛及钢，表壳口径44毫米，人手上链Cricket V-16 GMT响闹机芯，42小时动力贮存，防水100米，橡胶或防水小牛皮表带连钛或黑钛及钢折叠扣。

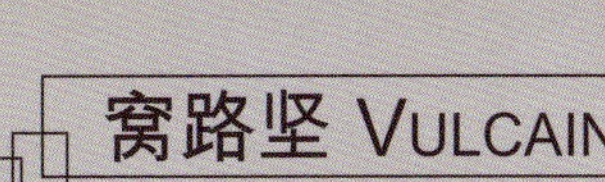

The Dragon

18K红金，表壳口径42毫米，掐丝珐琅表面，人手上链Cricket V-13 GMT响闹机芯，42小时动力贮存，防水100米，鳄鱼皮表带连18K红金表扣，限量制作30只。

Cricket Diver X-Treme

18K红金及钛或黑钛及钢，表壳口径44毫米，人手上链Cricket V-10响闹机芯，42小时动力贮存，防水100米，橡胶或防水小牛皮表带连钛或黑钛及钢折叠扣。

INSTRUMENTS FOR PROFESSIONALS™

百 年 灵

说起百年灵，人们就会想到一个上天下海的硬朗形象。作为1884年诞生于瑞士的钟表品牌，百年灵创造了第一枚专为飞行员设计的航空计时腕表。时至今日，百年灵已涉足海陆空，展示了其无极限的创意与开拓精神。

新推出的Cockpit及Cockpit Lady的大三针日历款式，分别是41毫米及31.8毫米的尺寸，表面设计遵循精细与优雅大方的理念。保留了巨型罗马数字的时间刻度，表面中央是正方弧形花纹。加大尺码的指针，不仅易读更呈美观，而精心打造的日期视窗尽显细致工艺，揉合功能和奢华于一身，使用百年灵专利的超级石英机芯，具有运动表所有的装置，防水分别可达300米和100米。两款型号都具备不锈钢、精钢配红金以及限量红金版，亦可在金钢版本上选择镶钻石表圈。男士可选Barenia小牛皮、鳄鱼皮、橡胶表带或金属链带佩戴，而女士更多出蜥蜴皮带可选择。

Chrono-Matic 49表如其名，直径达49毫米，是向1969年百年灵创造第一只自动上链计时腕表机芯致敬的作品。现代设计揉合显而易见的1960——1970年代风格，简洁的直角线条加直线指针。而红边的累计针盘带出科技效果，3时位是小三针，6时及9时分别是12小时及30分钟累计盘，前者内有日历小窗，12时位下有品牌名称与黄金铸成的大写B字母。内里装载着获得瑞士官方天文台表认证的自动上链Cal 14计时机芯。双向旋转表圈配有环形滑尺，黑色精钢配以塑胶铸模的方法来制造荆轮式滑动表圈，拱形的蓝宝石水晶玻璃经双面防反光处理。除精钢版本外，另有500只红金限量版，备有不同表面颜色，并可配特别为这个型号而设计的全新编织链带，还有鳄鱼皮、小牛皮及橡胶表带等多个选择。

Avenger Seawolf Chrono，大胆犀利，是百年灵再闯高峰的新作。

Cockpit & Cockpit Lady

18K红金、金钢或不锈钢，表壳口径41 毫米（Cockpit）或31.8毫米（Cockpit Lady），自动上链Cal 49机芯（Cockpit）或Cal 71超级石英机芯（Cockpit Lady），防水300米（Cockpit）或100米（Cockpit lady），Barenia小牛皮、鳄鱼皮表带或金属链带，全钢板本亦有限量镶钻款式。

Chrono-Matic 49

18K红金或不锈钢，表壳口径49毫米，自动上链Cal 14计时机芯，防水30米，Barenia牛皮、鳄鱼皮、橡胶表带或编织链带，红金款式限量500只。

能于1000米下的海底操作计时功能，这得归功于百年灵的一大技术突破，开发出磁力按钮，让控制装置隔着金属外壳驱动，防止按钮和机芯直接接触。坚固的44毫米不锈钢外壳装配了自动减压阀门，表面和两侧以磨砂和抛光交替处理。表面上有航空式数字装饰，超大指针与荧光指标，即使在海洋深处仍清晰可见。表面上，6时位置有60分钟累计盘，而2时位有1/10秒计时盘，10时则是12小时累计盘。使用独特的超级石英机芯，并加入为赛艇运动而设的10分钟倒数计时。可选择小牛皮、鳄鱼皮、潜水专业型橡胶表带以及Professional钛金属表带。

以品牌1950年代的一款经典作品为设计蓝本的Superocean Heritage潜水表，加入了得到瑞士官方天文台表认证的自动上链Cal 13机芯的计时款式。它是46毫米的不锈钢表壳，6、9、12时三针盘加3时位日历的表面布局，防水200米，可选择橡胶表带或编织钢丝链带。

Avenger Seawolf Chrono

不锈钢，表壳口径44毫米，Cal 73超级石英计时机芯，防水1000米，牛皮、鳄鱼皮、橡胶表带或钛金属链带。

Superocean Heritage
不锈钢，表壳口径46毫米，自动上链Cal 13计时机芯，防水200米，橡胶表带或编织链带 。

宾利作为一代传奇名车，坚持以无可匹敌的性能与奢华别树一帜，而这也成为了百年灵为宾利打造最新的Bentley GMT计时表的宗旨。新设计的黑橡胶表带取材自传统名车的轮胎，营造出现代风格。表圈上优雅的饰花压纹，彰显宾利车的特征，且与表壳的简洁线条形成对比。时针和累计盘的框边设计灵感都是来自宾利车的仪表板。中央的24小时GMT指针，配以空心的红色三角形箭头，配合刻有24个城市的旋转表圈，让宾利GMT显示各地时间轻而易举。而性能方面，搭配新的Cal 47B自动上链1/8秒计时机芯。创新的美学加上原创的细节，成就一个天生的旅行家。备有不锈钢及红金款式，表壳口径49毫米。

Bentley GMT Chronograph
18K红金或不锈钢，表壳口径49毫米，自动上链Cal 47B计时GMT机芯，防水100米，橡胶表带或金属链带 。

资料查询

百年灵专业时计（中国）有限公司

香港中环干诺道中200号招商局大厦1416室
电话：(852) 2376 0909
传真：(852) 2376 1006
网址：www.breitling.com

CORUM

LA CHAUX-DE-FONDS, SUISSE

昆仑表

创立于1955年的昆仑表，虽然历史不算十分悠久，但却已创造了多款在表坛享誉甚隆的佳作。当中最出名的，是以帆船比赛为创作灵感的海军上将系列。它本质上是运动表，随着机械表越来越受欢迎，消费者要求越来越高，它亦被加入不同的复杂功能。Admiral's Cup Challenge 44 Split-Seconds采用自动上链的31钻CO-986瑞士官方天文台表认证机芯，具备42小时动力贮存。通过8时、9时位置间的按键，可以操控中置的计时秒针一分为二，以红针和金针同时测度两组时段。黑漆表面上，侧缘是海军上将系列的标志国际海事旗号。9时位是小秒针，3时和6时位分别是30分钟及12小时累计盘，它们都配上了跟黑色表面影衬得很是美丽的18K红金外框。既是海中将领，顶级帆船使用的碳纤维物料当然也派上场。分别使用在12角形的表圈上和硫化橡胶造成的表冠护肩两旁那三层式计时按键边缘之上。从此表衍生出来的，是Admiral's Cup Leap Second 48。Leap Second按字面解是跳秒，但它不是所谓的dead-beat seconds，而是更复杂的雷霆秒计。在9时位置的小盘上，鲜艳的红针以电光火石的速度旋动，可以测量短促至1/8秒的时段。3时位置是30分累计盘。Leap Second 48显示时间的部分不设秒针。中置计时秒计可以通过中置于表冠上的按钮展开为银红二针。另表冠上设有专利的按钮上锁系统，即使用家有冒失之处也不会错误触动计时功能。48毫米的钛金属表壳，表圈及表冠护肩都用上了硫化橡胶，既是修饰，也同时保护表身机芯。

海军上将的顶峰型号，搭配了玲珑剔透的CO-372人手上链陀飞轮机芯。主夹板是18K 5N红金上镀上黑色PVD涂层，横跨6时位的金桥及中置的金针与48毫米的红金表壳色泽和谐一致。桥下的陀飞轮框架与12时

Admiral's Cup Challenge 44 Split-Seconds
18K红金及碳纤维，表壳口径44毫米，自动上链CO-986双秒针分段计时机芯，42小时动力贮存，防水50米，鳄鱼皮表带连红金表扣。

Admiral's Cup Leap Second 48
钛及橡胶，表壳口径48毫米，自动上链CO-895双秒针分段1/8秒计时机芯，42小时动力贮存，防水50米，橡胶表带。

到3时位镂空表面中透视出来的齿轮系统以鲜明的银色反衬表身、表面的金黑双调。CO-372的频率为每小时21600次，19石，虽是单发条鼓却有接近4天的贮存。由于每一只表都要耗上大量心力始可成事，它的年产量只有12只而已。

Romvlvs系列名字源自罗马帝国开国君主，它开创了在表圈刻上罗马数字时标这个今日已经大行其道的设计。一系列新作中，万年历表不单表面表底也同样可观。机芯镂得通透的夹板与桥件和那在剩余的框架上雕饰成浪奔浪流的回旋激荡。镂通铭刻的CORUM字样，悬挂在雕琢剔透的18K白金转陀之上，散发飘浮于虚空的飘逸美感，巧用心思的修饰设计让它跟表芯看上去二而为一，密不可分。在41毫米直径18K红金表身包藏的黑色表面上，放射图纹铭刻是基调。日、月、星期、月相四个小示盘紧密聚结于表面正中，由18K金精制的四叶草形的框边笼络着。在3时和9时位置开了天窗让用家更能体味它的机械美态的，是日期与星期的显示。12点钟一圈二用，月份和闰年同时展现。6点钟的一圈，除了Corum商标外还有小小的圆形月相窗。自动上链的CO-183机芯，有35钻及45小时动力贮存，限量仅25只。

论表面的清新可喜，首选Romvlvs Retrograde Annual Calendar，看它中央伸出的红箭头指

Admiral's Cup Tourbillon 48

18K红金，表壳口径48毫米，人手上链CO-372陀飞轮机芯，90小时动力贮存，防水30米，鳄鱼皮表带连红金表扣，限量制作12只。

Romvlvs Perpetual Calendar

18K红金，表壳口径41毫米，自动上链CO-183镂通万年历月相机芯，45小时动力贮存，防水30米，鳄鱼皮表带连红金表扣，限量制作25只。

针，在广延240°的弧形日历刻度上打点日期，而星期月份又靠边于9时及3时。这布局，资深的钟表收藏家必定可以猜到是源出Vaucher手笔吧！它提供了41毫米18K红金或18K白金的表身选择，两款的表面均是60条纹太阳铭刻，指针颜色则与表身对应。配衬黑色鳄鱼皮表带，限量100只的制作。

同样来自Romvlvs系列的，还有金钢的自动大日历表。大胆地利用红金与不锈钢的组合，造就了这款表的高尚美态。42毫米的直径，纯洁的白表面上是扭索纹的图案。大日历窗框的红金和外圈呼应得煞是悦目。女士可选配白色的缎质表带。男士觉得这太阴柔了，不妨挑磨砂夹抛光的不锈钢链带或索性找黑表面配黑色鳄鱼皮表带的另一版本。至于44毫米不锈钢表壳的Romvlvs计时表则选用了取得瑞士官方天文台表认证的CO-984自动表芯。黑色扭索纹表面上左右相望的两个小盘，分别是30分钟累计盘及小秒针。居中于6的小窗框，透露日期。它在2时及4时的计时按钮，造得特别修长漂亮，而且弧度跟表身及表圈的波浪起伏配合得天衣无缝。

两款Romvlvs：（左）42毫米红金不锈钢表壳的大日历自动表；（右）44毫米的不锈钢自动计时表。

Romvlvs Retrograde Annual Calendar

18K白金，表壳口径41毫米，自动上链CO-502飞返年历机芯，55小时动力贮存，防水30米，鳄鱼皮表带，限量制作100只，另有红金款式。

资料查询

Swiss Prestige Ltd.

九龙广东道5号海洋中心710室
电话：(852) 2110 4410
传真：(852) 2110 9800
网址： www.corum.ch

美 度

1918年成立的美度，是瑞士官方天文台认证腕表的领导品牌，多年来它都以制作高品质的机械表闻名于世，虽然近几年才被中国消费者熟悉。2006年初，在母公司强大的销售资源支援下，美度以高品质、专业性、具吸引力的价位为目标在中国市场推出多个系列，获得市场高度青睐。

All Dial Chronometer是美度为庆祝其90周年，于2008年推出的特别献礼，限量900枚。2002年才出道的All Dial，首次亮相即让人们趋之若鹜。今年的限量版除秉承该系列取自古罗马斗兽场的灵感、圆锥形表壳与工整的表面都浸透了罗马式建筑风格的要旨外，不锈钢表壳还经镀黑PVD处理，表面亦是碳纤维，配之镀红金的表耳、表扣、阿拉伯数字刻度及指针，更呈华丽优雅的气质。配备的ETA自动机芯获瑞士官方天文台表（COSC）认证，旋入式表冠确保防水深度达100米。双面反光处理的蓝宝石水晶镜面，透明表背，黑色主调拼凑的橡胶表带为该表注入无限活力，随时随地配戴，动静皆宜。

All Dial Lady Diamonds女装自动腕表，柔媚的珠贝表面上闪着由78颗美钻组成的分钟刻度圈及12与6两个大型阿拉伯数字。大三针是同色系的质地，而黑色金属品牌名立于9时位右侧，清晰可鉴。透过透明表背，可欣赏ETA 2671自动机芯的舞动，备有40小时的动力贮存，防水可达100米。配上淡淡暖色调的压纹真皮表带连不锈钢折叠扣，女人味十足，婉约

All Dial Chronometer Automatic Limited Edition
镀黑PVD不锈钢，自动上链ETA 2836-2机芯，40小时动力贮存，天文台表认证，防水100米，橡胶表带连镀红金PVD折叠扣，限量制作900只 。

动人。

Baroncelli系列以其恒久品质屹立于表坛30年，全新的Baroncelli动力贮存腕表，浑圆的镀PVD红金不锈钢表壳配以圆弧形表耳。无限广阔的炭灰色表面饰以拉丝打磨，6时至8时位设有42小时半圆形动力贮存指示，3时位有小型日历视窗。三角时标与斜面时分指针，带出一种协调美。装载的ETA自动2897机芯，自动陀饰以日内瓦条纹并刻有美度标记。双面防反光蓝宝石水晶镜面，透明表背，Aquadura密封表冠带来50米防水能力。黑色真皮表带配上镀红金的折叠扣，整体流露出自然的优雅气息。

Jubilee Chronometer的诞生亦为90周年庆添上炫目的一笔，它是Baroncelli系列中首枚获得COSC认证的腕表。一如既往瑰丽而简约的造型：浑圆的表壳，接驳位均流线地连成一体，象牙色表面衬着钻石抛光打磨的阿拉伯数字刻度，加之时分针的斜面切割造型，令整体格外细腻耐看。12时位下是黑色的品牌商标，4时与5时之间有一醒目而小巧的日历视窗。透过透明的表背可观赏装饰精美的机芯摆陀。备有40小时动力贮存及50米的防水深度，真皮表带搭配不锈钢折扣，在无尽美观的同时不忘实用的好处。

Baroncelli Power Reserve
镀红金PVD不锈钢，自动上链ETA 2897动力贮存显示机芯，42小时动力贮存，防水50米，真皮表带连折叠扣。

All Dial Lady Diamonds Automatic

不锈钢，表面镶嵌78颗钻石，自动上链ETA 2671机芯，40小时动力贮存，防水100米，真皮表带连折叠扣。

Baroncelli Jubilee Chronometer Automatic

不锈钢，自动上链ETA2836-2机芯，40小时动力贮存，防水50米，真皮表带连折叠扣。

资料查询

The Swatch Group (HK) Ltd.

香港北角电器道169号宏利保险中心40楼
电话：(852) 2510 5286
传真：(852) 2503 5835
网址：www.mido.ch

MAURICE LACROIX
Switzerland

艾美

艾美

丽质难自弃，说的就是艾美。只是这般的丽质，不可能天生，而是品牌历来奉行“热切追求细节”所致。

谁能把建筑的神韵带进腕表，Memoire 1做得到。你看那神似罗马竞技场的圆鼓鼓表身，最精彩的部分还深藏在内。表面上只有两根指针，日期窗框开设在侧缘的12点钟位置上，黑底银字碟片在最外围显示小时，秒针的刻度迁移到了周边，透过分开表框与表壳的透明空间阅读。中置表冠上设有切换按钮，时间显示、计时显示随时互换。Memoire 1的组件多达537个，它的机芯是一个三重多宝塔：基本的量度时间系统为其一，计时模组为其二，记忆系统为其三。三座结构繁复的记忆塔在机芯内分别记下时、分、秒针在两个不同模式中的位置。你会发现当中有些元件跟问表的相近，因为切换系统用上了all-or-nothing机制，确保切换键完全按进才能牵引其他部件换算正确的时、分、秒数。Memoire 1的表身由18K白金及近来很受高档表欢迎的950钯金构成。独立制作的ML128自动机芯以PVD技术镀上了一层高科技质感的钽色调涂层。偏心自动陀使用钨这质重的金属打造，好增加双向上链的效率。珍稀的限量之作，只生产20只。

46毫米精钢表身，925纯银精研的朴素表面以黑和银为基调。这是Masterpiece系列的最新作品，分别是采用ML150及ML151两款原厂开发人手上链机芯的Calendrier Retrograde和Double Retrograde。Calendrier Retrograde由9到11画了一圈弧，飞返日期指针以10时为中轴。与之对应于1到3时的弧，看似飞返实则是40小时贮备显示。小秒针立足于6，承托着这左右双翼。Double Retrograde的布局又有所不同。GMT从10：30跨过01：30，日期由04：30横越07：30，3时位设贮备显示，9时位

Memoire 1

钯金及18K白金，表壳口径50毫米，自动上链ML128机械记忆计时机芯，时间及计时切换装置，防水50米，人手缝制鳄鱼皮表带连钯金及白金表扣，限量制作20只。

设小三针，把表面的东西南北都丰富地填满了。两款新表另设限量250只的18K红金版本以飨收藏家。不施脂粉的925纯银表面，看似简单却暗藏跌宕，让各式飞返指示出落得更有层次。除了飞返指针以黑金修缮之外，所有指针跟刻度都使用18K红金打造。个别编号铭刻在人手修饰的镀红金四分之三夹板上，并配以光滑打磨螺丝及蓝钢螺丝加强可观性。

美，怎能与女性无关？专为女士们献上的Starside，营造了不平凡的月夜。65颗重0.91克拉的IF Top Wesselton级数钻石，俯伏在Magic Seconds的38毫米精钢表框上。更多美钻曲线玲珑地由10：30绕到03：30，意境如蓝色夜空上的倒卷珠帘。6时的银色秒盘上，蓝宝小珠在边缘悠悠运行，如月盘绕地球。Eternal Moon象牙白色的表面上，金属涂层晶石的当头月幻彩闪烁，呼应表框上镶得秀气的美钻。两弯新月倚傍5与7，分别指示星期月份。优美的钻石弧线，在表面下部揭示出一片夜空。

Sparkling Date的波浪形飞返日历，是申请专利中的机械奇想。一泓紫色水波上，闪烁的钻石指标顺着波浪起伏的轨道提示日期，然后在31之后逆流退回原点。偏心于1至12的时分盘，在夜空中跟3、4点间的双重皓月争辉。固定的月是圆拱修饰的月长石，紧贴的圆示窗内才是月相碟盘。38毫米18K白金表身、表耳跟表冠上共镶91颗重2.15克拉的宝钻。限量250只，并设独立证书。

Masterpiece Calendrier Retrograde

18K红金或不锈钢，表壳口径46毫米，人手上链ML150飞返日历动力贮存显示机芯，防水50米，人手缝制鳄鱼皮表带连红金折叠扣、表扣或钢折叠扣，红金款式限量250只 。

Masterpiece Double Retrograde

18K红金或不锈钢，表壳口径46毫米，人手上链ML 151双飞返GMT机芯，防水50米，人手缝制鳄鱼皮表带连红金折叠扣、表扣或钢折叠扣，红金款式限量250只

Starside Eternal Moon

不锈钢，表壳口径38毫米，表壳镶嵌65颗共重0.91克拉钻石，自动上链ML160三历月相机芯，防水50米，缎质表带连折叠扣。

Starside Magic Seconds

不锈钢，表壳口径38毫米，表壳镶嵌65颗共重0.91克拉钻石，自动上链ML 161大日历机芯，防水50米，缎质表带连折叠扣。

Starside Sparkling Date

18K白金，表壳口径38毫米，表壳镶嵌91颗共重2.15克拉钻石，自动上链ML 127飞返日历月相机芯，防水50米，鳄鱼皮表带连白金表扣，限量制作250只。

资料查询

大昌华嘉有限公司

香港黄竹坑业兴街11号南汇广场A座23楼
电话：(852) 2895 0888
传真：(852) 2902 7812
网址：www.mauricelacroix.com

真利时

El Primero，是西班牙文中“第一”的意思。1969年，真利时发表了首枚自动上链计时机芯，以每小时36000次的高摆频，屹立表坛40年。进入21世纪，真利时在总裁纳塔夫先生带领下，彻底颠覆传统腕表的美学设计，带来一个又一个让人赞叹的新款式，当中的Chronomaster系列顾名思义，全线皆以El Primero机芯为基础，将传统的机械，融入崭新的复杂功能。

突破性的Chronomaster Tourbillon Moonphase Day & Night，是陀飞轮、计时、日夜及月相显示的功能组合，其中后两者的展示方式更是前无古人。在8点的位置上，是一个看来跟传统月相没分别的表盘。它的底部是一24小时转碟，分别以太阳及星星代表日夜，在其上方则是月亮转碟。凭借一个特别研发的差动装置，达成单一显示盘同时显示日夜及月相。表面上方的陀飞轮，中间由一道横桥贯穿，外框上方有带放大镜的日历小窗。饰以Grain d’Orge花纹的18K金表面上，中轴及小时圈以偏心的方式呈现。45毫米表壳内，搭配新设计的New El Primero 4034机芯，口径35.6毫米，由353件零件构成。此表提供两个版本，分别是白金表壳黑色表面，及红金表壳银色表面，限量同为25只。

在Chronomaster Open Grande Date的表面上，左上方仍然是招牌的“开心”视窗，将机芯擒纵部分的运作尽情展露，右边的灰色扇形透明窗，除了30分钟累计盘，上方还有品牌新研发的专利三碟大日历装置。三片同轴的数字碟，其中两片个位日历碟重叠，这样的设计不单节省空位，十位及个位数之间的空隙也比较细小，达到更佳的视觉效果。Chronomaster Open Grande Date有红金及不锈钢表壳，45及40毫米两个尺码。采用口径30毫米的New El Primero 4039机芯。

一向以男性为主导的Chronomaster系列，亦在“His watch for her”的主题下加入女性

Chronomaster Tourbillon Moonphase Day & Night

18K红金或白金，表壳口径45毫米，自动上链New El Primero 4034陀飞轮月相日夜显示计时机芯，50小时动力贮存，22K金摆陀，防水30米，鳄鱼皮表带连18K金折叠扣，限量制作各25只。

Chronomaster Open Grande Date

18K红金或不锈钢，表壳口径45或40毫米，自动上链New El Primero 4039大日历计时机芯，50小时动力贮存，22K金或重金属摆陀，防水30米，鳄鱼皮表带连红金或不锈钢折叠扣。

为女士设计的Chronomaster Moonphase Lady "His Watch for Her"。

设计。Chronomaster Moonphase女装表，是月相加计时加上三历的设计。表壳口径缩小至37.5毫米，配18K红金或不锈钢镶钻表壳，表面以珠贝衬底，并保留原有的中央麦穗纹雕花。

三问表向来被认为是制表工艺的最高峰。继推出全球首枚三问加计时响闹及两地时间腕表后，真利时再接再厉，带来Academy Open三问计时表，将招牌的"开心"视窗、"天下第一"El Primero计时机芯及三问共冶一炉。在Academy系列层次分明的表壳底下，是包含461件零件的El Primero 4043自动上链机芯。为了同时容纳三问及计时，真利时设计了一专利装置，当中包括构造复杂的一件式报时齿条及同心时分打锤连接杆，让打簧组件包围计时表的轴心。为了让这佳构能展现人前，表面3时位的计时表及打簧部件上装了透明蓝宝水晶。除此之外，表面还有左上角的"开心"及下方两个别出心裁的开口部分。此表口径45毫米，有传统的红金配银质人手雕花表面，及前卫的白金表壳配透明表面两个型号。

Class系列以New Classics为创作理念，腕表以简洁的线条塑造浓烈的现代感，重现经典时计的优雅气质。搭配El Primero机芯的三历月相计时表，银白色表面中央圆形部分缀以巴黎钉头饰纹，并将三个小表盘、月相、星期及月份小视窗收纳其中。外围部分则是古雅的实金或纯钢阿拉伯数字时标，4时30分位置还有日历窗，层次分明。它有红金及不锈钢表壳，44及40毫米两个尺码，由El Primero 4100机芯推动。

在1950年代，真利时推出一款造型典雅的人手上链小三针，搭配传奇的Cal 135机芯。此机芯堪称真利时在20世纪的代表作，曾经连续5年夺得瑞士纳沙泰尔天文台颁发奖项。今日，纳塔夫先生决定重塑此一代佳作，他首先从仓库中找到制作原型表的模具，在遵从昔日设计的同时亦不忘为新作加入现代元素，如将表壳加大至40毫米，并为它配上自动上链的Elite 689超薄机芯。Class New Vintage 1955红金表壳配灰白色表面，多切面的指针及箭形时标同样以

Academy Open Repetition Minutes

18K红金或白金，表壳口径45毫米，18K金表面，自动上链El Primero 4043三问计时机芯，50小时动力贮存，22K金摆陀，防水30米，鳄鱼皮表带连18K金折叠扣。

Class Moonphase

18K红金或不锈钢，表壳口径44或40毫米，自动上链El Primero 4100三历月相计时机芯，50小时动力贮存，22K金或重金属摆陀，防水30米，鳄鱼皮表带连红金或不锈钢折叠扣，备有红金或不锈钢链带。

Class New Vintage 1955

18K红金，表壳口径40毫米，自动上链Elite689机芯，50小时动力贮存，22K金摆陀，透明蓝宝表背，防水30米，鳄鱼皮表带连红金折叠扣，限量制作250只。

红金制成，并以人手镶嵌在表面上。配鳄鱼皮表带连红金折叠扣，限量250只。

不得不提的，还有革命性的Zero-G陀飞轮。它的设计灵感，来自航海的船钟（marine chronometre）。全新El Primero 8800机芯，陀飞轮装置由多达294个部件组成，当中有166个是属于既旋转又能让装置平行的框架。参照船钟那为了在颠簸的大海仍能保持垂直的悬浮式设计，Zero-G的控速装置被安放在一球体内，透过垂

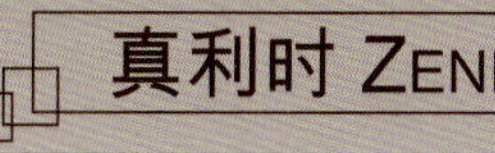

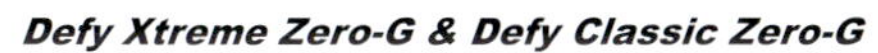
Defy Xtreme Zero-G & Defy Classic Zero-G

黑钛或18K红金，表壳口径46.5毫米，自动上链New El Primero 8800陀飞轮机芯，50小时动力贮存，防水300或1000米，黑钛链带或鳄鱼皮表带连红金表扣。

直传动的多组轮系，使腕表在任何配戴角度上都能保持摆轮的180°平行，仿如不倒翁般，将地心吸力的影响完全消弭。Zero-G的两个版本，Defy Classic是外表较传统的18K红金表壳，表面上有4块不同形状的宝石玻璃，除了陀飞轮与针盘，还显示了精细的巴黎钉头雕刻；而Defy Xtreme则是黑色钛金属，上面用两块宝石玻璃透出活动部分，其他位置是平面的黑钛。Zero-G两个型号都是限量制作，定价是30万欧元。

资料查询

LVMH Watch & Jewellery HK Ltd.

香港铜锣湾希慎道33号利园宏利保险大厦901室
电话：(852) 2881 1631
传真：(852) 2881 1632
网址：www.zenith-watches.com

目录

5

收藏大家锺泳麟先生沉积多年力作，《名表明说》简体版震撼上市。

全书 241mm x 210mm 开本，全进口特种纸张印刷，288页精彩字画，不仅讲述收藏，更是收藏佳品……

本書網址 ： http://www.lnkj.cn/uri.sh/5983

穎川堂 刊物

名錶論壇
鍾泳麟 主筆
WATCH CRITICS
VACHERON CONSTANTIN

名錶 新知 11
Watches Express
穎 川 堂

进口手表
年鉴
2008
名表论坛
WATCH CRITICS
辽宁科学技术出版社

时间·艺术
TIME & ART
11
ISSUE ELEVEN JUNE 2008 NO.253

CDV GROUP

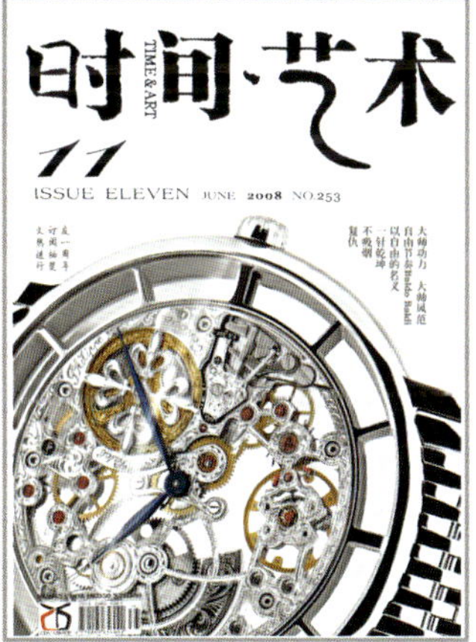

索引 Index

带 ☆ 的品牌在《名表论坛》创刊时特别举办的

中国大陆地区、香港地区、台湾省三地专家及读者票选中被评为“十大名表”